TRAITÉ ÉLÉMENTAIRE

D'ANALYSE GRAMMATICALE.

POISSY. — Typographie Arbieu.

MÉTHODE LEXICOLOGIQUE.

TRAITÉ ÉLÉMENTAIRE

D'ANALYSE GRAMMATICALE

THÉORIE ET APPLICATION

PREMIÈRE ÉTUDE

pour servir

DE COMPLÉMENT A LA LEXICOLOGIE DES ÉCOLES PRIMAIRES

PAR

M. P. LAROUSSE

Professeur, ancien élève de l'École normale de Versailles.

PARIS

CHEZ MAIRE-NYON   CHEZ L'AUTEUR

Libraire, quai Conti, 13.   Rue Culture-Ste-Catherine, 29.

1851.

1850

ERRATA.

PAGE LIGNE.		AU LIEU DE :	LISEZ :
7	13-14	La nature est le trône ex- térieur de la magnifi- cence divine.	« La nature est le trône extérieur de la magni- ficence divine. »
20	19	Xercès,	Xerxès,
30	10	de dérivation.	d'abréviation.
36	1	ou	ni
63	3	*si !*	*si !*
63	12	*oui dà !*	*oui-dà !*
93	16	*fait*	*a fait*
101	28	*d*'ELLE	*de l*'IMAGINATION
112	21	attribut.	attributs.

PAGE.	LIGNE.	A SUPPRIMER :
70	2	ensemble
84	17	(*à lui*)
103	25	*d*'ELLE.

PRÉFACE.

La Grammaire comprend deux études que l'on doit bien se garder de confondre : la partie analytique et la partie orthographique.

L'Orthographe est la partie secondaire et, en quelque sorte, matérielle d'une langue ; c'est une connaissance, un talent qui a pour base la mémoire ; il faut du travail, de l'attention pour l'acquérir, il faut peu de réflexion. Cette étude de l'usage, souvent même de l'arbitraire, ne franchit jamais les bornes étroites de la Grammaire particulière, et contribue faiblement au développement de l'intelligence.

L'Analyse est la partie principale de toute linguistique, une sorte de dissection du discours. Celui qui analyse remonte aux sources de la langue ; il l'interroge, pour ainsi dire, le scalpel à la main ; et, dégagé des liens de la routine et du mécanisme, il examine, compare, raisonne, s'instruit. Analyser, c'est donc étudier le langage dans ses éléments, dans ses parties constitutives, dans son génie ; en un mot, c'est faire de la Grammaire générale. L'Analyse agrandit considérablement le domaine intellectuel.

Cette importance de l'analyse une fois reconnue (et il est impossible de la nier), nous allons exposer très-sommairement le plan de notre ouvrage ; nous nous sommes efforcé d'y mettre, autant qu'il nous a été possible, l'exécution au niveau de la haute idée que nous nous sommes formée des exercices analytiques.

Ce livre se divise en deux chapitres : le premier traite de la classification des mots avec leurs rapports grammaticaux.

Le second traite des fonctions logiques du *nom*, du *pronom*, son représentatif, et de l'*infinitif*, qui n'est autre chose qu'un nom défiguré par la contraction.

Dans ce chapitre, nous avons introduit de notables innovations ; ainsi nous n'avons pas hésité à répudier entièrement cette habitude invétérée, chez les grammairiens, d'accorder un complément à toutes les prépositions. C'est, selon nous, une erreur grave, un pur latinisme qui n'a aucune raison d'être dans notre langue (1). La préposition établit un rapport entre le mot complément, et le mot indirectement ou circonstanciellement complété. La préposition n'est donc qu'un lien, un intermédiaire; en lui donnant un complément, au détriment du verbe, on esquive la difficulté, on accoutume l'élève à se tirer d'affaire sans effort et partant sans profit. C'est un moyen commode qu'a inventé l'ignorance au profit de la paresse. L'analyse est une décomposition raisonnée du discours, ce n'est point un escamotage.

Cette restitution une fois opérée, nous avons tracé entre le complément indirect et le complément circonstanciel, une ligne de démarcation bien distincte.

Supposons cette phrase à analyser :

Rémus fut tué par son FRÈRE *sur le* MONT *Aventin.*

D'après la méthode qui consiste à donner un complément à la préposition, on dira que *frère* est le complément de la préposition *par*, et *mont* complément de la préposition *sur*. Voilà assurément un

______

(1) Nous démontrerons plus d'une fois, dans la suite de la *Lexicologie,* que ce latinisme erroné n'est pas le seul qui figure dans nos Grammaires prétendues *françaises.* Nous n'avons point de Rudiment de la langue *maternelle,* point de Grammaire *nationale.*

mode d'analyse qui est à la portée des plus faibles intelligences, et qu'une minute suffit à enseigner ; malheureusement ce système, tout empirique, est aussi stérile qu'il est simple, et le profit que l'on en retire vaut à peine le temps que l'on a dépensé.

En suivant la méthode exclusive du complément indirect, les substantifs *frère, mont* sont compléments indirects de *fut tué*. Cette analyse est encore défectueuse, puisqu'elle donne une appellation commune à deux complétifs évidemment dissemblables.

Enfin, en reconnaissant une différence entre le complément indirect et le complément circonstanciel, on dira que *frère* est complément indirect, et *mont* complément circonstanciel (circonstance de lieu) du verbe passif *être tué*.

Cette innovation crée une véritable gymnastique de l'intelligence ; elle oblige l'élève à faire des distinctions importantes, à établir un rapport entre deux mots souvent fort éloignés l'un de l'autre, et à préciser la nature de ce rapport. On rend ainsi la routine impuissante, et la réflexion devient pour l'élève un travail obligatoire.

Tout enseignement qui ne sera point basé sur cette méthode du raisonnement, établie en principe, sera un enseignement stérile, ami du mot, ennemi de l'intelligence. Voilà pourquoi nous avons dans nos écoles et dans nos colléges tant de grands perroquets qui répètent, et si peu de petits hommes qui pensent.

————————

NOTA. Nous ne nous dissimulons pas que, pour faire de cette première étude un traité complet d'analyse grammaticale, il manque deux chapitres :

CHAPITRE III. — **Difficultés syntaxiques.**
CHAPITRE IV. — **Des Gallicismes.**

Ces deux chapitres entraient dans notre plan primitif; nous attendrons l'avis de MM. les Instituteurs pour savoir si nous devons, dans une prochaine édition, revenir à notre première idée.

P. LAROUSSE,

Professeur à l'institution Jauffret, rue Culture-Sainte-Catherine, 29, à Paris.

————————

TRAITÉ ÉLÉMENTAIRE

D'ANALYSE GRAMMATICALE.

DES DIX PARTIES DU DISCOURS.

1. — On appelle langue française la somme de tous les mots qui servent à exprimer nos pensées.

2. — Il y a généralement autant de langues que de peuples différents : langue anglaise, langue allemande, langue italienne, etc.

3. — Une langue est riche si elle compte beaucoup de mots, pauvre si elle en compte peu.

4. — Notre langue maternelle, la langue française, est une des plus riches. Elle contient à peu près 100,000 mots ; et ce nombre s'accroît chaque jour.

5. — Tous les mots de la langue française se divisent en dix espèces, que l'on nomme les *dix parties du discours*, c'est-à-dire du langage. Ces dix espèces de mots sont : le *Nom*, l'*Article*, l'*Adjectif*, le *Pronom*, le *Verbe*, le *Participe*, l'*Adverbe*, la *Préposition*, la *Conjonction* et l'*Interjection*.

6. — L'ANALYSE GRAMMATICALE apprend à distinguer les dix espèces de mots ; elle fait connaître leurs propriétés

Particulières et les fonctions qu'ils remplissent les uns à l'égard des autres.

7: — *Analyse* signifie *décomposition*. Ainsi, analyser l'eau, le vin, une matière quelconque, c'est chercher les différents éléments qui entrent dans leur composition.

8. — Analyser grammaticalement une pensée, c'est rattacher à une des dix parties du discours chacun des mots qui concourent à l'expression de cette pensée; c'est, en outre, étudier chaque terme dans ses propriétés particulières et dans ses rapports avec les autres mots.

CHAPITRE I.

CLASSIFICATION ET PROPRIÉTÉS DES MOTS.

DU NOM.

9. — On appelle *nom* ou *substantif* tout mot qui désigne, qui *nomme* les personnes et les choses.

10. — Il y a deux sortes de noms : le nom *commun* et le nom *propre*.

11. — Le nom *commun* est celui qui convient, qui est *commun* à tous les individus d'une espèce ou d'un genre. Ex. : *homme, chien, fleuve, monument.*

Le mot *homme* convient à tout le *genre* humain; le mot *chien* convient à toute l'*espèce* canine, etc., etc.

12. — Le nom *propre* est celui qui désigne en particulier un individu d'une espèce ou d'un genre. Il lui appartient en *propre*. Ex. : *Abraham, Médor, la Seine, le Panthéon.*

L'appellation *Abraham* ne convient pas à tous les *hommes*, *Médor* ne convient pas à tous les *chiens*, *Seine* ne convient pas à tous les *fleuves*, *Panthéon* ne convient pas à tous les *monuments*.

13. — Quand un nom commun exprime au singulier une *collection* d'individus de la même espèce, comme *foule, armée, multitude*, il s'appelle nom commun *collectif*.

14. — Si le nom, propre ou commun, se *compose* de plusieurs parties : *Pont-Neuf*, *États-Unis*, *Saint-Germain-en-Laye*, *Charles-le-Chauve*, *Petit-Poucet*, *chou-fleur*, *oiseau-mouche*, il est dit nom propre *composé* ou nom commun *composé*.

15. — Première remarque. Il y a des mots composés dans toutes les parties du discours. Ex. : *martin-pêcheur*, substantif ; — *du*, *des*, articles ; — *châtain-clair*, adjectif ; — *lui-même*, pronom ; — *s'en aller*, *s'entre-tuer*, *faire rire*, verbes ; — *mort-né*, participe ; — *avant-hier*, *ici-bas*, adverbes ; — *à l'égard de*, préposition ; — *tandis que*, conjonction ; — *oui-dà*, *fi donc*, interjections.

16. — Deuxième remarque. Les élèves éprouvent quelques difficultés à reconnaître le nom propre, malgré la définition rigoureuse que nous en avons donnée.

Les noms *propres* sont :

1° Les noms d'hommes, de peuples, de villes, de montagnes, de mers, de rivières, de fêtes, etc. : *Napoléon*, un *Italien*, les *Italiens*, *Marseille*, les *Alpes*, la *Baltique*, le *Volga*, la *Pentecôte*.

2° Les différentes appellations par lesquelles nous désignons la divinité : *Dieu*, *Être-Suprême*, *Très-Haut*,

Tout-Puissant, *Éternel*, *Providence*, *Créateur*, *Seigneur*, etc.

3º Les noms des êtres moraux personnifiés :
On représente la JUSTICE *avec un bandeau sur les yeux.*

4º Les noms qui forment le titre d'un ouvrage, d'une fable, etc. Ex. :
Le PETIT-CARÊME *de Massillon, le* CHÊNE *et le* ROSEAU, *etc.*

17. — NOTA. Les mots *dieux*, *soleil*, *terre*, *lune*, *ciel*, ainsi que les noms des *jours*, des *mois*, des *saisons*, des *points cardinaux*, etc., sont considérés comme noms communs.

APPLICATION.

L'élève distinguera les noms contenus dans le devoir suivant, et il indiquera à quelle espèce chacun d'eux appartient (*propre, commun, collectif, composé*).

Dieu dit à Abraham : Je ferai sortir de toi un grand peuple ; ta postérité sera plus nombreuse que les étoiles du ciel et que les sables de la mer. Le côté le plus saillant du caractère du Français est la franchise et l'amabilité. Tout le monde s'accorde à dire que l'anglais est plus difficile à apprendre que le français. Le Père de la tragédie française naquit à Rouen. La rose est la reine des jardins. Qui ne sait pas par cœur cette jolie fable de La Fontaine : *Le Meunier, son Fils et l'Ane ?* Léonidas fut enveloppé par un corps de Perses qui firent tomber sur lui une grêle de traits. Notre corps est mortel. La grêle cause quelquefois d'affreux ravages. Les chauves-souris sortent de leurs trous après le coucher du soleil. Le Seigneur dit à Job : Où étais-tu quand je posai les fondements de la terre? En Russie, il existe encore aujourd'hui un grand nombre de serfs et de seigneurs. Le *Télémaque* de Fénelon est un des plus purs chefs-d'œuvre de notre langue. L'empire romain fut détruit par les Barbares. Les étrangers ont appris aux Russes la culture du chou-fleur. — 58 noms.

MODÈLE D'ANALYSE.

Dieu, nom propre.	*Étoile*, nom commun.
Abraham, nom propre.	*Ciel*, nom commun.
Peuple, nom commun collectif.	*Sable*, nom commun.
Postérité, nom commun collectif.	*Mer*, nom commun.

Nota. Les élèves devront écrire *en toutes lettres* leurs devoirs d'analyse, jusqu'à ce qu'ils sachent parfaitement orthographier les mots qui composent le vocabulaire, du reste assez restreint, de l'analyse grammaticale.

DU GENRE ET DU NOMBRE.

18. — La nature a partagé les êtres animés en deux grandes classes : les *mâles* et les *femelles ;* de là, deux genres dans les noms : le *masculin* et le *féminin*.

19. — Les noms des êtres *mâles*, ceux devant lesquels on peut mettre *le* ou *un*, comme *le lion*, *un héros*, sont du genre *masculin*.

20. — Les noms des êtres *femelles*, ceux devant lesquels on peut placer *la* ou *une*, comme *la lionne*, *une héroïne*, sont du genre *féminin*.

Quoique arbitrairement, on a étendu cette particularité aux noms de choses. Ainsi *pré*, *fruit*, *orgueil*, sont du *masculin ; prairie*, *fleur*, *vanité*, sont du *féminin*.

21. — Remarque. Les noms de villes s'employant en général sans article, il n'est pas toujours facile d'en bien

distinguer le genre. La plupart sont du masculin, entr'autres tous ceux qui n'ont pas pour lettre finale un *e* muet, excepté *Jérusalem, Sion, Ilion, Albion, Tyr*, qui sont féminins, quoique terminés par une consonne.

Voici, du reste, un petit moyen mécanique qui est préférable à toutes les règles que nous pourrions énumérer ; il consiste à joindre au nom de ville un adjectif qui n'ait pas la même terminaison aux deux genres. Ex. : *Rome fut* PUISSANTE. *La* MALHEUREUSE *Troie. Marseille est* COMMERÇANTE. *Paris est très-*POPULEUX. *Lyon est* FAMEUX *par ses étoffes de soie.*

APPLICATION.

L'élève indiquera le genre et le nombre des noms contenus
dans le devoir suivant.

La lune est le flambeau des nuits. Le commerce et l'industrie font la fortune des États. Paul et Virginie étaient comme deux branches greffées sur le même tronc. Buffon assure que des chevaux sauvages errent encore en troupeaux dans les forêts de l'Amérique septentrionale. Les abeilles pompent leur miel et leur cire au fond du calice des fleurs. Sire, dit le renard, vous êtes trop bon roi. Jean-Jacques Rousseau naquit à Genève, ville de la Suisse, et mourut à Ermenonville, petit bourg situé aux environs de Paris. On tire l'huile des noix, des olives, des amandes, des noisettes, du chenevis et de beaucoup d'autres sortes de graines et de fruits. Les centimes sont destinés à remplacer les liards. Guillaume-Tell abattit une pomme que le tyran Gessler avait fait placer sur la

tête de son enfant. Les dindes ont été apportées d'Asie
en Europe par des missionnaires. La couleur de pourpre
a été découverte en Phénicie par un chien de berger. —
59 noms.

MODÈLE D'ANALYSE.

Lune,	féminin singulier.	*Commerce,*	masculin singulier.
Flambeau,	masculin singulier.	*Industrie,*	féminin singulier.
Nuits,	féminin pluriel.	*Fortune,*	féminin singulier.
		États,	masculin pluriel.

RÉCAPITULATION.

L'élève fera l'analyse complète des noms contenus dans le
texte suivant.

La nature est le trône extérieur de la magnificence
divine. Dieu a tracé son nom sur le front des étoiles,
sur l'arc-en-ciel, sur une feuille d'arbre. Le chant de l'a-
louette matinale, le murmure du ruisseau, le parfum des
fleurs, tout nous parle de l'Éternel. Que les chefs-d'œuvre de l'homme sont grossiers, comparés aux ouvrages de
la nature. Cette foule de découvertes admirables que font
chaque jour nos savants dans la chimie, la physique, les
sciences naturelles, ne leur enseigneront jamais à créer
un moucheron, un brin d'herbe, une mousse. Cette vile
chenille, ce ver-à-soie, qui file son tombeau, est mille fois
plus habile que nos plus habiles tisseurs; cette abeille
opère dans son laboratoire des métamorphoses que nos
chimistes ne pourront jamais ni imiter ni expliquer;

cette hirondelle avec son bec, ces castors avec leur queue, travaillent plus délicatement que nos maçons avec la règle et le compas. Qui, si ce n'est Dieu, a pu faire de ces misérables insectes un peuple d'ouvriers inimitables, sachant l'architecture et la géométrie? Les plus grands hommes dans tous les temps, Socrate, Fénelon, Bernardin de Saint-Pierre, ont glorifié son nom et confondu leur esprit devant sa face; Newton, le plus profond génie du genre humain, ne prononçait jamais le nom de Dieu sans se découvrir. Les sauvages eux-mêmes l'ont reconnu dans les merveilles qui sont sorties de ses mains puissantes. Le spectacle de la nature parle à leur cœur, et il leur parle de Dieu. Un Anglais parcourant le Nouveau-Monde, se fit conduire par un naturel à la cascade du Niagara. Dès que l'Américain fut près de cette immense nappe d'eau, qui se précipite du sommet d'une haute montagne dans une profonde vallée avec un bruit que l'on entend de plusieurs lieues, il se prosterna la face contre terre. Que fais-tu là? lui dit l'Anglais étonné. J'adore le Grand-Esprit, fut la réponse du sauvage. — 93 noms.

MODÈLE D'ANALYSE.

Nature,	nom commun,	féminin singulier.
Trône,	nom commun,	masculin singulier.
Magnificence,	nom commun,	féminin singulier.

L'ANALYSE DU NOM consiste donc à énoncer :

1º L'espèce (*propre, commun, collectif, composé*).

2º Le genre (*masculin, féminin*)..

3º Le nombre (*singulier, pluriel*).

DE L'ARTICLE.

22. — Les noms communs sont pris dans un sens indéfini : *eau de* FONTAINE ; ou bien ils sont pris dans un sens déterminé, défini : *eau de la* FONTAINE.

Dans le premier exemple, il s'agit d'une fontaine *quelconque*; dans le second, il est question d'une fontaine *particulière*.

Cette différence de signification est due à la présence de l'article *la*, qui figure dans la seconde phrase.

23. — L'*article* est donc un petit mot qui sert à limiter, à déterminer l'étendue de la signification des noms.

24. — L'article est simple, élidé ou contracté :

1° Articles simples : *le, la, les* ;

2° Articles élidés : *l'* mis pour *le* ; *l'* mis pour *la* ;

3° Articles contractés : *du* pour *de le* ; *des* pour *de les* ; *au* pour *à le* ; *aux* pour *à les*.

25. — L'article prend le genre et le nombre du nom qu'il détermine.

26. — NOTA. L'article ne servant qu'à déterminer, qu'à restreindre l'étendue de la signification des noms, les noms propres, dont le sens toujours complet ne peut être ni étendu ni restreint, devraient s'employer sans article ; on dit cependant LA *France*, LE *Danube*, LA *Baltique*, LE *Caucase*, LES *Bourbons*, LA *Phèdre de Racine*, etc. Alors les articles déterminent les noms communs sous-entendus *contrée, fleuve, mer, mont, princes, tragédie*, etc. Dans nos exercices d'analyse, l'élève fera déterminer le nom commun sous-entendu, chaque fois qu'il y aura possibilité.

1.

APPLICATION.

L'élève analysera les articles contenus dans le devoir suivant.

Le Rhin prend sa source au pied des Alpes. Les gelées du mois d'avril sont très-nuisibles aux jeunes plantes. Les eaux occupent toujours les parties les (1) plus basses des terres, et tendent perpétuellement à l'équilibre et au repos. Le lion est le plus noble, et le tigre le plus féroce de tous les animaux. Les montagnes sont les sources des rivières et des fleuves. Dieu créa le ciel et la terre, les arbres et les plantes. L'intérêt, le plaisir et la gloire sont les trois mobiles des actions et de la conduite des hommes. Le fer est le métal le plus précieux. La voix perçante du coq matinal appelle aux travaux champêtres les habitants des campagnes. Le silence donne du poids aux pensées et du crédit aux paroles. Les arbres, les arbrisseaux et les plantes sont la parure et le vêtement de la terre. D'habiles tireurs font continuellement la chasse aux ours dans les Pyrénées. La force ne persuade pas les hommes, elle ne fait que des hypocrites. La justice et la modération sont le rempart le plus solide des États. La mort frappe également aux chaumières des pauvres et aux palais des riches. Tous les trésors de la Californie n'étancheraient pas la soif de l'avare. Le Nil traverse l'Égypte du midi au nord et se jette dans la Méditerranée.— 76 articles.

(1) *Les* détermine *parties* sous-entendu.

MODÈLE D'ANALYSE.

Le, article simple, masculin singulier, détermine *fleuve* sous-entendu.

Au, mis pour *à le,* article contracté, masculin singulier, détermine *pied.*

Des, mis pour *de les,* article contracté, féminin pluriel, détermine *montagnes* sous-entendu.

L'ANALYSE DE L'ARTICLE consiste donc à énoncer :

1º L'espèce (*simple, élidé, contracté*).

2º Le genre et le nombre.

3º Le rapport (*le nom qu'il détermine*).

RÉCAPITULATION.

L'élève analysera les noms et les articles contenus dans le texte suivant.

Il est dans le ciel une puissance divine , compagne assidue de la religion et de la vertu ; elle nous aide à supporter les peines et les ennuis de la vie , s'embarque avec nous pour nous montrer l'entrée du port dans les tempêtes, la planche du salut dans les naufrages, également douce et secourable aux voyageurs célèbres, aux passagers inconnus. Quoiqu'elle ait les yeux couverts d'un bandeau, ses regards pénètrent l'avenir ; quelquefois elle tient des fleurs naissantes dans sa main, quelquefois une coupe pleine d'une liqueur enchanteresse ; rien n'est égal au charme de sa voix, à la grâce de son sourire ; plus on approche des frontières de la vie, plus elle se montre pure et brillante aux mortels consolés. La

Foi (§ 16, — 3°) et la Charité lui disent : « Ma sœur ! »
et elle se nomme l'Espérance. — 55 noms et 25 articles.

MODÈLE D'ANALYSE.

Le,	article simple, masculin singulier, détermine *ciel.*
Ciel,	nom commun, masculin singulier.
Puissance,	nom commun, féminin singulier.

ADJECTIFS QUALIFICATIFS.

27. — L'*adjectif* est un mot qui sert à qualifier et à
déterminer les noms.

28. — Il y a deux grandes classes d'adjectifs : les adjectifs *qualificatifs* et les adjectifs *déterminatifs*.

29. — Les adjectifs *qualificatifs qualifient* les noms;
ils en marquent la manière d'être : BON *père, manières*
POLIES, *vertu* AIMABLE.

30. — L'adjectif prend le genre et le nombre du nom
auquel il se rapporte.

31. — Tout adjectif qui qualifie plusieurs noms singuliers se met au pluriel.

32. — Il prend le genre masculin, si les substantifs
sont du genre masculin : *L'âne et le mulet sont* TÊTUS.

33. — Il prend le genre féminin, si les substantifs
qualifiés sont du féminin : *La justice et la vérité sont*
ÉTERNELLES.

34. — Il se met au masculin pluriel, si les substantifs

sont de différents genres : *La biche et le cerf sont* LÉGERS..

35. — Il arrive souvent que le qualificatif figure seul dans la phrase ; le nom est sous-entendu. On dit alors que l'adjectif est employé *substantivement*. Ex. :

*Nous devons préférer l'*UTILE *à l'*AGRÉABLE. Sous-entendu *chose*.

Le SAVANT *est toujours riche, l'*IGNORANT *toujours pauvre.* Sous-entendu *homme*.

36. — NOTA. La plupart des dix parties du discours peuvent être prises substantivement; alors elles acquièrent les propriétés du nom. Ex. :

Dans cet heureux pays, on ne connaissait ni LE TIEN *ni* LE MIEN.

Le BOIRE, *le* MANGER, *le* DORMIR, etc.

Le MIEUX *est l'ennemi du* BIEN.

Soutenir le POUR *et le* CONTRE.

Vouloir connaître le COMMENT *et le* POURQUOI, etc., etc.

APPLICATION.

L'élève analysera les adjectifs qualificatifs et les adjectifs pris substantivement contenus dans le devoir suivant.

Le railleur a toujours le cœur froid et souvent l'esprit faux. La justice et la vérité sont éternelles. Demandez à Dieu une âme saine dans un corps sain. Un vieil ami est une chose toujours nouvelle. Le chien intelligent sert de guide au pauvre aveugle. L'orgueilleux se vante continuellement. Les saisons ont leurs retours périodiques et certains. La beauté est fugitive. Les jeunes chevaux ont les mœurs douces et les qualités sociales. Les personnes d'une sensibilité excessive sont sujettes à de grands chagrins. Les aurores boréales ressemblent à de vastes incendies. L'âne a les yeux bons, l'odorat admirable, l'oreille excellente. Les délicats sont malheureux. L'Arabie est le pays du monde le plus aride et où l'eau est le plus rare. Le désir a toujours la bouche sèche et les mains vides. La mauvaise réputation est une maladie incurable. L'impie, qui nie Dieu, et l'avare, qui n'aime que son or, sont également seuls dans l'univers. Certains peuples mangent la viande et le poisson crus. Le feu et l'eau sont ennemis. — 38 adjectifs.

MODÈLE D'ANALYSE.

Railleur,   adjectif pris substantivement, masculin singulier.
Froid,   adjectif qualificatif, masculin singulier, qualifie *cœur*.
Faux,   adjectif qualificatif, masculin singulier, qualifie *esprit*.
Éternelles,   adjectif qualificatif, féminin pluriel, qualifie *justice* et *vérité*.

RÉCAPITULATION.

L'élève analysera les noms, les articles et les adjectifs qualificatifs contenus dans le texte suivant.

Le ciel des régions glaciales est toujours couvert (1) d'épais nuages. De vastes et antiques forêts, qu'éclaire un jour douteux, s'offrent aux yeux épouvantés. Des ar-

(1) *Couvert* est un participe ; mais le participe étant de la même nature que l'adjectif, l'élève considèrera comme adjectif qualificatif tout participe accompagné de l'auxiliaire *être* ou employé sans auxiliaire, qu'il trouvera dans ce devoir ainsi que dans les devoirs suivants, jusqu'à la leçon qui traite du participe.

bres aussi vieux que la terre qui les porte s'amoncellent les (1) uns contre les autres. Leurs branches touffues et entrelacées n'offrent que des routes tortueuses, souvent impraticables. On n'entend dans ces affreuses solitudes, dans ce séjour rude et sauvage, que les cris rauques et funèbres d'oiseaux voraces, les féroces hurlements des ours affamés, et le fracas d'un torrent qui se précipite d'une roche escarpée, rejaillit en épaisse vapeur, et fait gronder les sauvages échos de ces lieux bruts et incultes. Là habitent, dans de noires cavernes, des hommes durs, cruels, indomptables. Quand l'hiver sévit dans ces âpres contrées, les fleuves ne présentent plus qu'une masse solide, et la mer qu'une plaine rigide, dure et compacte. (50 noms, 15 articles, 34 adjectifs.)

MODÈLE D'ANALYSE.

Le, article simple, masculin singulier, détermine *ciel*.
Ciel, nom commun, masculin singulier.
Des, mis pour *de les*, article contracté, féminin pluriel, détermine *régions*.
Régions, nom commun, féminin pluriel.
Glaciales, adjectif qualificatif, féminin pluriel, qualifie *régions*.

ADJECTIFS DÉTERMINATIFS.

37 — Il y a quatre sortes d'adjectifs déterminatifs :

1° Les adjectifs *possessifs*, qui marquent la *possession* des noms qu'ils déterminent.

(1) Dans ces mots *l'un, l'autre, les uns, les autres*, les deux termes forment une seule locution et ne s'analysent pas séparément. (Voir § 41-5°.)

Ces adjectifs sont :

Masc. sing.	Fém. sing.	Plur. des deux genres.
Mon.	*Ma.*	*Mes.*
Ton.	*Ta.*	*Tes.*
Son.	*Sa.*	*Ses.*
Notre.	*Notre.*	*Nos.*
Votre.	*Votre.*	*Vos.*
Leur.	*Leur.*	*Leurs.*

2° Les adjectifs *démonstratifs*, qui déterminent les noms en y ajoutant une idée d'*indication* :

Masc. sing.	Fém. sing.	Plur. des deux genres.
Ce.	*Cette.*	*Ces.*
Cet.		

3° Les adjectifs *indéfinis*, qui déterminent les noms d'une manière *vague* et *générale* : *un, une, tel, quel, certain, aucun, nul, chaque, maint, même, quelque, tout, autre, plusieurs, quelconque.*

4° Les adjectifs *numéraux*, qui déterminent les noms en y ajoutant soit une idée de *quantité*, soit une idée de *rang*. De là deux espèces d'adjectifs numéraux : les numéraux *cardinaux*, qui marquent la *quantité : un, deux, trois, dix, vingt, cent*, etc., — et les numéraux *ordinaux*, qui marquent l'ordre, le *rang : premier, deuxième, troisième, dixième, vingtième, centième*, etc.

38. — Première remarque. Dans ces phrases : *Louis* douze (XII), *Henri* deux (II), *Charles* neuf (IX), *le* cinq *janvier, page* treize, etc., les adjectifs *douze, deux, neuf, cinq, treize*, ne sont *cardinaux* que pour la forme ; ce sont de véritables adjectifs numéraux *ordinaux. Douze* est mis pour *douzième, deux* pour *deuxième, neuf* pour *neuvième, cinq* pour *cinquième, treize* pour *treizième : Louis* douzième, *Henri* deuxième, *Char-*

les NEUVIÈME, *le* CINQUIÈME (jour de) *janvier, page* TREI-
ZIÈME.

39. — DEUXIÈME REMARQUE. L'adjectif *un, une,* est
tantôt *indéfini,* tantôt *numéral.*

Il est *indéfini* quand il signifie *certain* et qu'il a pour
pluriel *quelques :*

UN *astrologue se laissa choir au fond d'*UN *puits.*

Il est *numéral* quand il sert à marquer le *nombre :*

> Laissez-leur prendre *un* pied chez vous,
> Ils en auront bientôt pris quatre.

APPLICATION.

L'élève analysera les adjectifs déterminatifs contenus dans
le devoir suivant.

Vingt fois sur le métier remettez votre ouvrage. Les
jours commencent à raccourcir à partir du vingt-et-un
juin. Quels préceptes que ceux de l'Évangile ! quelle morale sublime on y trouve à chaque page ! La charité vaut
toutes les autres vertus. Le temps, qui fuit sur nos plaisirs, semble s'arrêter sur nos peines. Ramassez une
épingle chaque jour, a dit Franklin, vous aurez huit sous
au bout de l'année. Les oiseaux expriment leur joie par
leurs chants. Mes enfants, une vertu dans votre cœur est
un diamant sur votre front. Donnez-moi une seule ligne
de l'écriture d'un homme, disait Richelieu, et je le fais
pendre. Au printemps les oiseaux peuplent toute l'étendue de nos campagnes : chaque prairie, chaque ruisseau,
chaque arbre a son musicien. Mes malheurs commen-
çaient à me rendre expérimenté sur tout ce qui regarde
la navigation. Toute habileté, dans un art quelconque,

mérite| des éloges. L'âne a, comme tous les autres ani-
maux, sa famille, son espèce et son rang. On a compté sur
la tête d'un papillon trente-quatre mille six cent cinquante
yeux. Charlemagne mourut le vingt-huit janvier, l'an
huit cent quatorze. Cet étang, ces bois et ces prairies
dépendent de ce château. Carthage fut reconstruite vingt-
deux ans après sa première destruction. (49 adjectifs.)

MODÈLE D'ANALYSE.

Vingt,　adjectif numéral cardinal, féminin pluriel, détermine *fois*.

Votre,　adjectif possessif, masculin singulier, détermine *ouvrage*.

Vingt-et-un,　adjectif numéral ordinal, masculin singulier, détermine *jour* sous-entendu.

Quels,　adjectif indéfini, masculin pluriel, détermine *préceptes*.

L'ANALYSE DE L'ADJECTIF consiste donc à énoncer :

1º L'espèce (*qualificatif, possessif, démonstratif, numéral, indéfini*).

2º Le genre et le nombre.

3º Le rapport (*le nom qu'il qualifie ou qu'il détermine*).

RÉCAPITULATION.

L'élève analysera les noms, les articles et les adjectifs
(qual. et déterm.) contenus dans le texte suivant.

Apollon ayant été chassé de l'Olympe par Jupiter pour
avoir percé les Cyclopes de ses flèches, fut contraint de
garder les troupeaux du roi Admète. Il jouait de la flûte,
et tous les autres bergers venaient à l'ombre des ormeaux
écouter ses douces chansons. Il représentait les forêts
sombres qui couvrent les hautes montagnes, et les creux

vallons où les rivières, par mille détours, semblent se
jouer au milieu des riantes prairies. Il apprit ainsi aux
bergers quels charmes procure la vie champêtre.

Bientôt les bergers, avec leurs flûtes, se virent plus
heureux que les rois, et leurs cabanes attiraient en foule
les plaisirs purs qui fuient les palais dorés. Les jeux, les
ris, les grâces suivaient partout les innocentes bergères.
Tous les jours étaient des jours de fête : on n'entendait
plus que le gazouillement des oiseaux, ou le murmure
d'une onde claire qui tombait du sommet de quelque rocher, ou les chansons que les muses inspiraient aux bergers
qui suivaient Apollon. Les dieux mêmes devinrent jaloux
des bergers. Cette vie leur parut plus douce que toute
leur gloire, et ils rappelèrent Apollon dans l'Olympe.

MODÈLE D'ANALYSE.

Apollon, nom propre, masculin singulier.
Chassé, adjectif qualificatif, masculin singulier, qualifie *Apollon*.
L', mis pour *le*, article élidé, masculin singulier, détermine
Olympe.
Olympe, nom propre, masculin singulier.

RÉCAPITULATION GÉNÉRALE

SUR LE NOM, L'ARTICLE ET L'ADJECTIF.

TEXTES A ANALYSER.

I.

Les sept merveilles du monde. Mauvaise tête, bon
cœur. L'esprit et (*conjonction*) la laideur du philosophe

Ésope. L'heureuse médiocrité du sage. Les soucis continuels de (*préposition*) l'avare. Aucune ressource, nul rivage ami. Une leçon instructive. Un (39) seul cheveu de votre tête. L'an trois de la première République française. La fierté proverbiale du paon.

II.

Diseur de bons mots, mauvais caractère. Numa, deuxième roi de Rome. La petite maison du vertueux Socrate. Un lion cruel. Un lion et une lionne cruels. Un lion généreux et une lionne cruelle. Notre destinée préfixe. Les monuments historiques de plusieurs grandes villes. Quelques pêches vermeilles. Juda, quatrième fils des douze enfants de Jacob.

III.

Tous mes autres parents. Maints oiseaux de proie. Vos mêmes habitudes. Tel père, tel fils. Les neiges éternelles du Mont-Blanc. Les remords du méchant. Les mille couleurs de l'arc-en-ciel. Quelque bon et discret ami. Mainte occasion. Quel chant trivial ! Charlemagne et Napoléon, quels hommes ! Certain renard gascon. L'armée innombrable de Xercès, et le courage des trois cents Spartiates.

IV.

Douze métiers, treize misères. La grosseur du bœuf et la ridicule vanité de la grenouille. Didon, reine et fondatrice de Carthage. L'histoire utile aux enfants des rois. Les soixante-et-onze années du glorieux règne de Louis quatorze. Ce héros invincible. Cet aimable convive. Ces statues et ces tableaux antiques. Nulle paix pour (*préposition*) l'impie. Les deux frères siamois.

V.

Notre pain de chaque jour. Les mœurs diverses de chaque contrée. Certaines petites fleurs des champs. La ruse du renard et la sotte crédulité du corbeau. Les quatre saisons, les douze mois, et les trois cent soixante-cinq jours de l'année. Les cinq actes de cette pièce intéressante. L'or et l'argent rares, le fer précieux.

VI.

Vos trois fils indolents. La lâcheté du menteur. L'humble chaumière du pauvre et le palais du riche. La foi, l'espérance et la charité, trois vertus sublimes. Ce père sévère et cette mère indulgente. La vache et le bœuf indispensables aux habitants des campagnes. Ta réponse ambiguë. Son humeur et son orgueil insupportables.

DU PRONOM.

40. — Le *pronom* est un mot qui tient la place du *nom*.

41. — Il y a cinq sortes de pronoms :

1° PRONOMS *personnels* :

1re personne : *je, moi, me, nous.*

2e personne : *tu, toi, te, vous.*

3e personne : *il, elle, ils, elles, le, la, les, lui, leur, eux, se, soi, en, y.*

2° PRONOMS *démonstratifs* :

Ce, celui, celle, ceux, celles, ceci, cela, ça (famil.), *celui-ci, celui-là, celle-ci, celle-là, ceux-ci, ceux-là, celles-ci, celles-là.*

3° PRONOMS *possessifs* :

Le mien, la mienne, les miens, les miennes, le tien, la tienne, les tiens, les tiennes, le sien, la sienne, les siens, les siennes, le nôtre, la nôtre, les nôtres, le vôtre, la vôtre, les vôtres.

4° PRONOMS *relatifs* :

Qui, que, quoi, lequel, laquelle, lesquels, lesquelles, auquel, auxquels, auxquelles, duquel, desquels, desquelles, dont, où, d'où.

5° PRONOMS *indéfinis* :

On, chacun, personne, quiconque, autrui, plusieurs, aucun, nul, tel, certain, rien, tout, un, un autre, l'un, l'autre, quelqu'un, quelqu'autre, le même, quelque chose, qui que ce soit, quoi que ce soit.

42. — PREMIÈRE REMARQUE. *Le, la, les,* sont *articles* ou *pronoms.* Ils sont *articles* quand ils déterminent un nom :

LE *soleil,* LA *lune et* LES *étoiles brillent au firmament.*

Ils sont *pronoms* quand ils accompagnent un verbe : *Je* LE *connais, nous* LES *entendons, écoutez-*LA.

43. — DEUXIÈME REMARQUE. Les mots *y, où, d'où* ne sont pas toujours *pronoms;* ils sont aussi *adverbes.*

Ils sont *pronoms,* quand ils ne marquent pas le lieu ;

alors *où*, *d'où* (pron. rel.) sont mis pour *duquel*, *de la-quelle*, *auquel*, *auxquels*, *à quoi*, etc.

La bonne éducation est une chose d'où *(de laquelle) dépend notre félicité.*

Y signifie *à elle, à lui, à elles, à eux, à cela :*

*J'ai connu le malheur, et j'*y *sais compatir.*

Quand ils marquent le lieu, ils sont tantôt *adverbes* et tantôt *pronoms.*

Il est très-important que les élèves apprennent à bien faire cette distinction : *y* et *où* sont *adverbes* quand ils expriment une idée de localité physique, quand il s'agit d'un lieu matériel, qui peut tomber sous les sens, que l'on peut voir, etc.

Ils sont *pronoms* quand l'idée de localité qu'ils éveillent est purement morale, immatérielle.

Voici plusieurs exemples de ces deux cas :

PRONOMS.	ADVERBES.
Où aspirez-vous?	*Où* allez-vous?
Le péril *où* je m'étais en-gagé et *d'où* je m'échappe.	La maison *où* j'étais entré et *d'où* je sors.
Chacun a son défaut *où* toujours il revient.	L'hirondelle se choisit une demeure *où* elle revient tous les printemps.
En approfondissant les hommes, on *y* découvre bien des imperfections.	En regardant une goutte d'eau au microscope, on *y* découvre une myriade de pe-tits animaux.
L'ignorance est l'état na-turel du paresseux; il semble s'*y* complaire.	Je quitte Paris pour long-temps; je ne saurais m'*y* plaire huit jours de suite.

44. — TROISIÈME REMARQUE. *Qui, que, quoi*, placés

au commencement d'une phrase et servant à interroger, sont pronoms *interrogatifs*. Ex.:

Qui *trompe-t-on?* Que *me voulez-vous? A* quoi *songe-t-il?*

45. — QUATRIÈME REMARQUE. Les élèves confondent souvent *que*, pronom relatif, avec *que*, conjonction; c'est un non-sens grave, qui dénature entièrement la phrase.

Que, pron. rel., peut être remplacé par *lequel, laquelle*, etc. Ex.:

Le mensonge est un vice QUE *tous les enfants devraient avoir en horreur.* On peut dire :

Le mensonge est un vice, LEQUEL VICE *les enfants* etc.

La conjonction *que* ne se prête pas à cette substitution :

Je crois QUE *les deux pôles sont inhabitables.*

46. — CINQUIÈME REMARQUE. Les mots *aucun, nul, tel, quel, certains, plusieurs, tout, un, un autre, le même,* sont tantôt *adjectifs* indéfinis, tantôt *pronoms* indéfinis.

Ils sont *adjectifs* quand ils accompagnent le nom, et *pronoms* s'ils en tiennent la place. Ex.:

NUL *homme n'est content de son sort.*

AUCUN *homme n'est prophète chez soi.*

Ici *nul* et *aucun,* déterminant *homme,* sont *adjectifs.* Mais si l'on dit :

NUL *n'est content de son sort.*

AUCUN *n'est prophète chez soi.*

Aucun et *nul,* représentant *homme,* sont *pronoms.*

APPLICATION.

L'élève analysera les pronoms écrits en italiques dans le devoir suivant.

Le paresseux est à charge à *lui-même*. La vie est une mer sur *laquelle on* navigue ; mourir, *c'*est arriver au port. L'ivresse est l'état le plus honteux *où* l'homme puisse tomber. Fais du bien à ton ennemi : l'arbre sandal parfume la hache *qui l'*a frappé. *Il* y a un goût dans la pure amitié *où* ne peuvent atteindre *ceux qui* sont nés médiocres. Fais à *autrui ce que tu* voudrais que l'*on te* fît. Songe à tes défauts pour *t'en* corriger. Quand des enfants ont commis des fautes *dont ils se* repentent, pardonnez-*les-leur*. *Nul* n'est sage à toute heure. *Je* plains *quiconque* doute de l'existence de Dieu. *Que* ne fait-*on* pas pour sauver *ceux qu'on* aime ? De *qui* l'envieux a-t-*il* jamais dit du bien ? L'homme change l'état naturel des animaux en *les* forçant à *lui* obéir, et en *les* faisant servir à son usage. Le paresseux a toujours envie de faire *quelque chose*, mais *il* ne *le* fait jamais. Diogène voyant un homme *qui se* faisait chausser par un esclave : « *Tu* ne seras pas content, *lui* dit-*il*, jusqu'à ce qu'*il te* mouche. » L'âne *s'*attache à son maître quoiqu'*il en* soit ordinairement maltraité. Les plaisirs dégradent *ceux qui s'y* livrent sans modération. Le moment *où je* parle est déjà loin de *moi*. Le sage augmente sa sagesse de toute *celle qu'il* trouve en *autrui*. Dans les îles Mariannes, Magellan trouva des sauvages *qui* ignoraient l'usage du feu ; *ils le* regardaient comme un animal *qui* mordait *ceux qui s'en* approchaient de trop près.

L'impossibilité *où je* suis de prouver que Dieu n'est pas, *me* démontre qu'*il* existe. *Je* fermerai les yeux sur ta conduite afin que *tu* fermes *les tiens* sur *la mienne*. En soulageant les malheurs *des autres, nous* sentons moins *les nôtres;* en consolant leur douleur, *nous* allégeons *la nôtre.*

MODÈLE D'ANALYSE.

Lui-même, pronom personnel composé, masculin singulier. Il représente *paresseux.*

Laquelle, pronom relatif, féminin singulier. Il représente *mer.*

On, pronom indéfini, masculin singulier.

Ce, pronom démonstratif, masculin singulier.

Où, pronom relatif, masculin singulier. Il représente *état.*

L'ANALYSE DU PRONOM consiste à énoncer :

1° L'espèce (*personnel, possessif, démonstratif, relatif, indéfini*).

2° Le genre et le nombre.

3° La personne (*pour les pronoms personnels et le pronom relatif* QUI *seulement*).

4° Le rapport (*quel est le nom qu'il représente. Cette particularité regarde tous les pronoms, à l'exception des pronoms personnels de la 1re et de la 2e personne, et des pronoms indéfinis, lesquels représentent le plus souvent un nom sous-entendu*).

APPLICATION.

L'élève reconnaîtra lui-même et analysera les pronoms contenus dans le texte suivant.

L'auteur d'*Émile* cite ces deux tours d'adresse, l'un d'un petit garçon, et l'autre d'une petite fille, auxquels on avait défendu de rien demander à table. Le petit garçon, que l'on (*l'* Voyez § 104) avait cruellement oublié, et qui craignait de désobéir à la défense qu'on lui avait faite, s'avisa de prendre un peu de sel ; c'était assez faire entendre qu'il désirait quelque chose. La petite fille, qui était dans une circonstance différente, s'y prit autrement ; elle avait mangé de tout, hormis un seul plat dont on avait oublié de lui donner, et qu'elle convoitait beaucoup. Or, pour obtenir qu'on réparât cet oubli sans qu'on pût l'accuser de désobéissance, elle fit, en avançant son doigt, la revue de tous les plats, disant tout haut à mesure qu'elle les montrait les uns après les autres : *J'ai mangé de ça, j'ai mangé de ça* ; mais elle affecta si visiblement de passer sur celui dont elle n'avait point mangé, que quelqu'un, s'en apercevant, lui dit : Et de cela, en avez-vous mangé ? Oh ! non, reprit doucement la petite gourmande, en baissant les yeux. Si ce tour-ci paraît plus fin, c'est qu'il est une ruse de fille ; l'autre n'est qu'une ruse de garçon. (51 pronoms.)

MODÈLE D'ANALYSE.

L'un, pronom indéfini, masculin singulier.
L'autre, pronom indéfini, masculin singulier.
Auxquels, pronom relatif, masculin pluriel. Il représente *garçon* et *fille.*

I. RÉCAPITULATION.

L'élève analysera les noms, les articles, les adjectifs et les pronoms écrits en italiques dans le texte suivant.

Tout annonce dans *l'homme le maître* de *la terre* ; en lui *tout* marque *sa supériorité* sur *tous les êtres vivants.*

son attitude est *celle du commandement ; sa tête* regarde *le ciel,* et *Dieu* a imprimé sur *son front auguste le caractère ineffaçable* de *sa dignité* et de *l'empire légitime* qu'il exerce sur *tous les autres animaux. J'ai* lu dans *un livre* de *voyages* qu'*une petite caravane composée* de *quelques Français,* traversait *les déserts du Sahara, ces immenses plaines de l'Afrique* qui sont *couvertes de sables brûlants. Un* (46) *des voyageurs pressé* par *la soif,* se détacha de *ses compagnons* pour aller à *la recherche d'un ruisseau, dont il* entendait *le murmure* derrière *un rocher. Il* s'était agenouillé pour boire plus commodément, quand tout à coup *il* sentit *quelque chose qui* se posait lourdement sur *ses deux épaules ; il* tourna *la tête... Quelle* (46) fut *sa terreur* en se trouvant face à face avec *un de ces énormes lions* d'*Afrique, qui* sont *l'effroi des voyageurs* et *le fléau des provinces voisines ! Notre malheureux Français se* redresse plus *mort* que *vif* et regarde fixement *son terrible visiteur. Le lion* hésite, paraît *surpris* et comme sous *l'empire* d'*une invincible fascination ; il* détache *ses deux pattes l'une* après *l'autre,* recule d'abord lentement et sans tourner *le dos ;* puis *arrivé à vingt pas* environ, et *la face* toujours *tournée du côté* de *son intrépide adversaire, qui* continue à *lui* lancer *les éclairs* de *son regard, il* fait vivement *un demi-tour* (14) sur *lui-même,* et *s'enfuit épouvanté* dans *ses déserts.*

MODÈLE D'ANALYSE.

Tout,   pronom indéfini, masculin singulier.

L',   mis pour *le,* article élidé, masculin singulier, détermine *homme.*

Homme ; nom commun, masculin singulier.

II. RÉCAPITULATION.

L'élève reconnaîtra lui-même et analysera les noms, les
articles, les adjectifs, et les pronoms contenus dans le
texte suivant.

Les grâces de la figure, la beauté de la forme, répondent dans le cygne à la bonté du naturel ; il plaît à tous les
yeux ; il décore, embellit tous les lieux qu'il fréquente ;
on l'aime, on l'applaudit, on l'admire ; nulle espèce ne
le mérite mieux. La nature n'a répandu sur aucun autant de ces grâces nobles et douces qui nous rappellent
l'idée de ses plus charmants ouvrages : coupe de corps
élégante, formes arrondies, gracieux contours, blancheur
éclatante et pure, attitudes tantôt animées, tantôt laissées
dans un mol abandon, tout, dans le cygne respire la volupté, l'enchantement que nous font éprouver les grâces
et la beauté.

Le cygne semble faire parade de tous ses avantages ;
il cherche à recueillir des suffrages, à captiver les regards ; et il les captive, en effet, lorsque s'approchant du
rivage aux signaux qui l'appellent, il vient se faire admirer de plus près en développant ses grâces par mille
mouvements doux, ondulants et suaves.

MODÈLE D'ANALYSE.

Les,   article simple, féminin pluriel, détermine *grâces*.
Grâces, nom commun, féminin pluriel.
La,   article simple, féminin singulier, détermine *figure*.
Figure, nom commun, féminin singulier.

RÉCAPITULATION GÉNÉRALE

SUR LE NOM, L'ARTICLE, L'ADJECTIF ET LE PRONOM.

NOTA. Avec les quatre espèces de mots qu'ils connaissent, les élèves peuvent, dès à présent, faire des analyses en texte suivi. Seulement ils auront soin de désigner par le mode infinitif tous les verbes qu'ils rencontreront. Ils trouveront (page 34) un petit dictionnaire analytique des mots invariables que nous avons été obligé d'introduire dans nos exercices.

Les élèves devant être suffisamment familiarisés avec l'orthographe des mots usités dans l'analyse, nous allons donner la règle de dérivation :

Il faut écrire la première syllabe et la première lettre de la seconde : *féminin*, *fém.*; *conjonction*, *conj.*; *détermine*, *dét.*

Si cette seconde syllabe commence par une consonne composée, comme *substantif simple*, *contracté*, *intransitif*, etc., on écrira cette consonne en entier : *subst.*, *simpl.*, *contr.*, *intr*·

I.

La grandeur de la taille, l'élégance de la forme, la souplesse du corps, la beauté du visage, la liberté des mouvements, sont (*verbe* ÊTRE) inférieures aux qualités de l'âme. Nous préférons (*verbe* PRÉFÉRER) dans l'homme l'esprit à la figure, le courage à la force, les sentiments du cœur aux agréments du corps.

II.

Termosiris avait un grand front chauve et ridé ; une barbe blanche descendait à sa ceinture ; sa taille était haute et majestueuse, ses yeux vifs et pénétrants, sa voix douce, ses paroles simples et aimables.

III.

La magnificence, le goût et l'abondance régnaient dans le palais de Sésostris, roi d'Égypte. Ses ministres étaient sages et habiles, ses courtisans vertueux et désintéressés, ses domestiques fidèles et laborieux. Ses richesses étaient immenses ; une armée innombrable défendait les frontières de ses vastes États. Ses écuries étaient pleines de chevaux magnifiques pour les charriots et la cavalerie. Toute l'Égypte admirait ce glorieux prince.

IV.

L'homme, qui habite aujourd'hui les villes, vivait autrefois dans les forêts. Les prés et les vallées étaient ses promenades ; il avait pour nourriture les fruits de la terre ; le ramage des oiseaux flattait ses oreilles, et la riche nature déployait à ses yeux toute la splendeur de ses merveilles.

V.

Un dragon gardait un trésor dans une caverne noire et profonde ; il veillait jour et nuit pour le conserver ; deux renards, fourbes et voleurs de leur métier, pénétrèrent dans le souterrain, endormirent le dragon par leurs ruses, le tuèrent, et enlevèrent le trésor.

VI.

La nature vivante est innombrable : une goutte d'eau est un royaume où circule tout un peuple d'insectes ; une feuille d'arbre est un petit monde habité par une foule de vermisseaux invisibles ; des naturalistes ont trouvé (57) dans des espèces de pierres dures des animaux imperceptibles cachés dans des vides insensibles.

VII.

Le fleuve Bétis coule dans un pays fertile, sous un ciel doux et serein. Le pays, qui a pris le nom du fleuve, se nomme la Bétique. Cette heureuse contrée a conservé les délices de l'âge d'or. Toute l'année est un heureux hymen du printemps et de l'automne, qui semblent se donner la main. La terre, dans les creux vallons et dans les campagnes unies, porte chaque année une double moisson.

VIII.

L'instinct de la chèvre est supérieur à celui de la brebis ; elle est sensible aux caresses et capable d'attachement ; elle aime les solitudes, grimpe sur les lieux escarpés, et dort sur le bord des précipices. L'inconstance de son naturel se marque par l'irrégularité de ses actions : elle marche, elle s'arrête, court, bondit, saute par caprice, et sans autre cause déterminante que celle de la vivacité bizarre de son sentiment intérieur.

IX.

Le lion possède au suprême degré la force et la générosité ; sa colère est noble, son courage magnanime, son naturel sensible. On l'a vu dédaigner de petits animaux, mépriser leurs insultes et leur pardonner des libertés offensantes. Captif, il prend des habitudes douces, obéit à la voix de son maître, flatte la main qui le nourrit, laisse quelquefois la vie à ceux qu'on avait dévoués à la mort en

les lui jetant pour proie, leur continue la même pro-
tection, et partage sa nourriture avec eux pour conserver
le prix de son premier bienfait.

X.

La nuit, dans les déserts, le rugissement du lion ressemble au bruit du tonnerre. Ce rugissement est sa voix
ordinaire ; il rugit cinq ou six fois par jour, surtout aux
approches de l'orage. Sa colère est terrible : il bat ses
flancs avec sa queue, agite son épaisse crinière, fait mou-
voir la peau de sa face, remue ses gros sourcils, et montre
des dents menaçantes. Les troupeaux de gazelles, les
singes, les serpents, l'éléphant, le rhinocéros, le tigre
lui-même, tout fuit à son approche.

XI.

L'oiseau-mouche et le colibri, ces deux petits habitants
des forêts du Nouveau-Monde, sont les chefs-d'œuvre et les
favoris de la nature. Tous les dons qu'elle partage aux
autres oiseaux, elle les leur a prodigués. Le jaune, le
vert, le violet, brillent sur leurs habits. Ils ont la fraîcheur et l'éclat des plus belles fleurs, dont ils pompent
le nectar, et dans le calice desquelles ils passent une
partie de leur vie aérienne.

XII.

Les fauvettes sont vives, agiles, légères ; tous leurs
mouvements ont l'air du sentiment, tous leurs accents
le ton de la joie, et tous leurs jeux l'intérêt de l'amour.
Ces jolis oiseaux arrivent au moment où (43) les arbres

développent leurs feuilles et épanouissent leurs fleurs. Ils se dispersent dans toute l'étendue de nos campagnes.

XIII.

Les uns viennent habiter nos jardins, d'autres préfèrent les avenues et les bosquets, plusieurs espèces s'enfoncent dans les grands bois, et quelques-unes se cachent au milieu des roseaux. De cette manière, les fauvettes remplissent tous les lieux de la terre, et les animent par les mouvements et les accents de leur tendre gaîté.

XIV.

Le Seigneur hait ces six choses et son cœur déteste la septième (*sous-entendu* CHOSE) : les yeux altiers, la langue qui ment, les mains qui répandent le sang innocent, le cœur qui forme des desseins iniques, les pieds qui se hâtent de courir au mal, le faux témoin qui assure des mensonges, et celui qui sème des dissensions entre les frères.

DICTIONNAIRE ANALYTIQUE.

A,	préposition.	*Ou,*	conjonction.
Aujourd'hui,	adverbe.	*Par,*	préposition.
Autrefois,	adverbe.	*Plus,*	adverbe.
Avec,	préposition.	*Pour,*	préposition.
Dans,	préposition.	*Que,*	conjonction.
De,	préposition.	*Quelquefois,*	adverbe.
En,	préposition.	*Sans,*	préposition.
Entre,	préposition.	*Sous,*	préposition.
Et,	conjonction.	*Sur,*	préposition.
Où,	adverbe.	*Surtout,*	adverbe.

DU VERBE.

Le *Verbe* est un mot qui marque l'*état* ou l'*action* : *Dieu* EST *éternel. Les poissons* NAGENT. *Un savetier*

CHANTAIT *du matin jusqu'au soir,* — *Est, nagent, chantait,* sont des verbes.

47. — Il y a cinq sortes de verbes :

1° Le verbe *transitif.*

2° Le verbe *intransitif.*

3° Le verbe *pronominal.*

4° Le verbe *impersonnel.*

5° Le verbe *passif.*

48. — VERBES TRANSITIFS. Les verbes *transitifs* expriment une action qui passe du sujet sur un complément direct :

Les singes CRAIGNENT *le serpent.*

Le remords CHASSE *le sommeil.*

Un verbe *transitif* a, ou peut toujours avoir un complément direct. Concluons de cela que :

49. — Tout verbe après lequel le sens permet de mettre *quelqu'un* ou *quelque chose,* est *transitif.* Ainsi *puiser, condamner, cueillir, punir,* etc., sont *transitifs,* parce qu'on peut dire *puiser quelque chose, condamner quelqu'un, cueillir quelque chose, punir quelqu'un.*

50. — VERBES INTRANSITIFS. Les verbes *intransitifs* expriment une action qui demeure dans le sujet, ou qui ne passe sur un complément qu'à l'aide d'une préposition, c'est-à-dire indirectement.

Tout VIEILLIT, *tout* MEURT.

La douceur PLAIT *à tout le monde.*

Un verbe *intransitif* ne peut jamais avoir de complément direct. Concluons de là que :

51. — Tout verbe après lequel on ne peut pas mettre

quelqu'un ou *quelque chose*, est intransitif : *nuire, parler, voyager*, etc.

52. — VERBES PRONOMINAUX. Les verbes *pronominaux* ou *réfléchis* sont ceux qui se conjuguent dans tous leurs temps avec deux pronoms de la même personne : *Je me, tu te, il se, nous nous, vous vous, ils se : Je me souviens, il se flattait, vous vous repentiez.*

Le plus souvent, le pronom sujet est remplacé par un nom : *L'ignorance s'admire. La grenouille s'enfla.*

A l'impératif, le pronom sujet est sous-entendu : *Empare-toi. Contentons-nous de peu. Rendez-vous.*

53. — Dans les exemples suivants : JE TE *récompense*, NOUS VOUS *admirons, la fortune* (ELLE) M'*abandonne*, les pronoms *je, te, nous, vous, elle, me*, n'étant pas à la même personne, les verbes *récompenser, admirer, abandonner*, sont *transitifs* et nullement *pronominaux*.

54. — VERBES IMPERSONNELS. Les verbes qui ne se conjuguent qu'à la troisième personne du singulier, comme *il pleut, il faut, il s'est écoulé de longues années, il sera prononcé deux discours*, etc., ont reçu le nom d'*impersonnels*.

55. — OBSERVATION. Le verbe *être*, conjugué seul, comme *je* SUIS *studieux, vous* AVEZ ÉTÉ *polis*, ÊTRE *prudent*, s'appelle verbe *substantif*; mais s'il est suivi d'un participe passé : *tu serais venu, il fut convaincu*, etc., ce n'est autre chose qu'un *auxiliaire*, qui concourt à la conjugaison d'un verbe neutre ou d'un verbe passif. Alors les deux mots (*auxiliaire* et *participe*) ne s'analysent point séparément.

56. Le verbe *avoir*, s'il est suivi d'un nom, s'analyse verbe *transitif* : AVOIR *raison*, J'AI *l'habitude de*, *les chameaux* ONT *plusieurs estomacs.*

Dans tous les autres cas, c'est un auxiliaire qui s'analyse avec le verbe qu'il aide à conjuguer : *j'avais reconnu, ayant renoncé.*

APPLICATION.

L'élève indiquera la nature des verbes contenus dans le devoir suivant (*substantifs, transitifs, intransitifs, pronominaux* ou *impersonnels*).

Scipion vainquit Annibal. Les hommes vertueux ont gémi. Hâte-toi lentement. Je me suis désespéré. L'âme ne meurt pas avec le corps. Il tonne fréquemment en été. Caton était vertueux. Crains la vieillesse : c'est un ennemi qui ne vient pas seul. Les médecins se porteraient mal, si tout le monde se portait bien. Il importe de bien vivre, non de vivre longtemps. Si un fou savait se taire, il passerait bientôt pour sage. Tu joues et je travaille. Le chien aboie. Les paroles s'envolent. Il a grêlé la semaine dernière. Les chameaux ont cinq estomacs. Je ne m'ennuie jamais quand je suis seul. On se réjouissait à ta naissance et tu pleurais ; vis de manière que tu puisses te réjouir au moment de ta mort et voir pleurer les autres. N'oublions pas que le renard qui dort ne prend point de poules. Il faut que jeunesse se passe. — 58 verbes.

MODÈLE D'ANALYSE.

Vainquit, verbe transitif.
Ont gémi, verbe intransitif.
Hâte-toi, verbe pronominal.

VERBES PASSIFS.

57. — Le verbe *passif* marque une action qui est faite par le complément, et reçue, soufferte par le sujet. Ex. :

Rome FUT PRISE *par les Gaulois.*

C'est le complément *Gaulois* qui fait l'action de *prendre,* et le sujet *Rome* qui reçoit cette action.

58. Les verbes *passifs* prennent l'auxiliaire *être* dans tous leurs temps; ce n'est autre chose que le verbe substantif, auquel on ajoute un participe passé : *être vaincu, je suis aimé, nous avons été surpris, sois récompensé.*

59. — Très-souvent, l'auxiliaire est sous-entendu. Ex. :

VAINCU *sur toute la ligne, l'ennemi prit la fuite.*

Cette phrase équivaut à celle-ci :

ÉTANT *vaincu,* comme *il* ÉTAIT *vaincu sur toute la ligne,* etc.

60. — Il ne faut pas confondre le verbe *passif* avec certains verbes *neutres* qui prennent l'auxiliaire *être* dans leurs temps composés, comme *je suis venu, vous êtes nés, est-il parti ?*

On ne peut pas conjuguer ces verbes *neutres* avec l'auxiliaire *être* à un temps composé, et dire : *j'ai été venu, vous avez été nés, a-t-il été parti ?* ce qui, au contraire, se fait tout naturellement quand il s'agit d'un *passif*.

Ex. : *Il sera trompé, qu'il fût averti,*

On obtient :

Il aura été trompé, qu'il eût été averti.

APPLICATION.

L'élève reconnaîtra les verbes passifs contenus dans le
devoir suivant.

Les nez ont été inventés avant les lunettes. Si tous les
livres devaient être brûlés, hormis un seul, quel est celui
que vous voudriez qui fût conservé? Nourri dans le sérail, j'en connais les détours. Les troupes sont sorties
de la ville. Judas Machabée mourut enseveli dans son
triomphe. Le monde est gouverné par Dieu. Chassé de
Rome, Tarquin se retira à la cour de Porsenna. Comment l'aurais-je fait, si je n'étais pas né? Nos amis sont
arrivés harassés de fatigue. Les méchants seront toujours
détestés. La nature ne s'est jamais écartée des lois qui
lui ont été prescrites par le Créateur. Les savants sont
persuadés que les lieux que nous habitons ont été autrefois couverts par les eaux de la mer. Pendant un orage,
ceux qui se mettent à l'abri sous un arbre, s'exposent à
être frappés de la foudre. Job fut frappé d'une effroyable
plaie. Il semble que la règle et le compas aient été employés par la nature pour peindre la robe du zèbre. Si
vous mentez une fois, vous ne serez plus cru de personne. A Rome, les abus qui n'avaient pas été prévus
par les lois, étaient corrigés par les censeurs. — 18 verbes passifs.

61. — Outre l'*espèce*, il y a six choses à considérer dans l'analyse grammaticale du verbe : le *Mode*, le *Temps*, le *Nombre*, la *Personne*, la *Conjugaison* et les *Temps primitifs*.

MODES ET TEMPS.

62. — *Mode* signifie *manière*. On appelle *modes* les différentes *manières* dont le verbe exprime l'état ou l'action.

Chaque mode a sous sa dépendance un certain nombre de temps.

Voici le tableau des *modes* et des *temps* d'un verbe (1) :

1er MODE.	2e MODE.	
INDICATIF.	CONDITIONNEL.	* Imparfait.
	* Présent.	Passé.
* Présent.	Passé, 1re forme.	Plus—que—parfait.
* Imparfait.	Passé, 2e forme.	
* Passé défini.	3e MODE.	5e MODE.
Passé indéfini.	IMPÉRATIF.	INFINITIF.
Passé antérieur.	* Présent *ou* futur.	* Présent.
Plus—que—parfait.	4e MODE.	Passé.
* Futur.	SUBJONCTIF.	* Participe présent.
Futur antérieur.	* Présent *ou* futur.	Participe passé.

NOMBRE ET PERSONNE.

63. — Un verbe est au *singulier*, si son sujet est singulier : JE *travaille*, TU *travailles*, IL (PAUL) *travaille*.

(1) Nous avons marqué d'un astérisque les temps simples, pour les distinguer des temps composés. Le participe passé, qui est un temps simple, a cependant une forme composée : *ayant aimé, ayant fini, ayant reçu, ayant rendu.*

Un verbe est *pluriel*, si son sujet est au *pluriel* : NOUS *travaillons*, VOUS *travaillez*, ILS (PAUL ET JULIEN) *travaillent*.

Un verbe est à la *première* personne, si son sujet est à la *première* personne : J'*étudie*, NOUS *étudions*.

Un verbe est à la *deuxième* personne, si son sujet est à la *deuxième* personne : TU *étudies*, VOUS *étudiez*.

Un verbe est à la *troisième* personne, si son sujet est à la *troisième* personne : IL, ELLE, l'ÉCOLIER *laborieux travaille*; ILS, ELLES, les ÉCOLIERS *laborieux travaillent*.

Les temps du mode infinitif n'ont ni *personne* ni *nombre*, à l'exception du participe passé, qui subit toutes les modifications du genre et du nombre.

CONJUGAISON.

64. — Les 6,000 verbes de la langue française se divisent en quatre classes, quatre familles désignées sous le nom de *conjugaisons*.

La première conjugaison a le présent de l'infinitif terminé en ER : *aim*ER, *chant*ER.

La deuxième en IR : *fin*IR, *avert*IR.

La troisième en OIR : *recev*OIR, *dev*OIR.

La quatrième en RE : *rend*RE, *mord*RE.

TEMPS PRIMITIFS.

65. — Il y a cinq temps *primitifs* dans un verbe, savoir : l'*infinitif présent*, le *participe présent*, le *participe passé*, le *présent de l'indicatif* et le *passé défini*.

Ainsi, les temps primitifs des verbes *courir*, *mourir* sont :

Courir, courant, couru, je cours, je courus.

Mourir, mourant, mort, je meurs, je mourus.

66. — Nota. Pour trouver le *participe passé* d'un verbe, il faut conjuguer ce verbe à un temps composé, puis supprimer l'auxiliaire. Ainsi les verbes *naître, cueillir, prendre, vivre, ouvrir*, etc., qui font au passé indéfini *je suis* NÉ, *j'ai* CUEILLI, *j'ai* PRIS, *j'ai* VÉCU, *j'ai* OUVERT, font au participe passé *né, cueilli, pris, vécu, ouvert.*

APPLICATION.

L'élève fera l'analyse complète des verbes contenus dans le devoir suivant.

Jamais un mort ne *s'est plaint* du médecin qui l'*a tué*. Il n'*est* aucune peine qui ne *soit adoucie* par le temps. Nos aïeux *vivaient* pauvres et heureux dans les champs qui les *avaient vus naître*. *Acquiers* une bonne réputation, puis *repose-toi*. *Apprends* à bien *vivre*, et tu *sauras* bien *mourir*. Un ânon n'*est* jamais qu'un âne, que son père *ait porté* des reliques ou du fumier. Si l'on m'*accusait* d'*avoir emporté* les tours de Notre-Dame, *disait* le président d'Ormesson, et que j'*entendisse crier* derrière moi : Au voleur ! je me *sauverais* à toutes jambes. Il *pleut* très-rarement en Égypte. Les chiffres *ont été inventés* par les Arabes. *Comportez-vous* envers vos parents comme vous *voudriez* que vos enfants se *conduisissent* envers vous. Il *faudrait* que les jeunes gens *s'appliquassent* davantage à *former* leur cœur et à *orner* leur esprit. Le fils d'Ulysse ne *sera* jamais *vaincu* par les charmes d'une vie lâche et efféminée. Il *est* certain que les lieux que nous *habitons* *ont été* autrefois *couverts* par les eaux de la mer. *Sois* juste et tu *seras* indulgent. On *a* souvent tort par la manière dont on *veut avoir* raison.

MODÈLE D'ANALYSE.

S'est plaint (1), verbe pron., indicatif, passé indéfini, 3e personne du sing., 4e conjugaison. Temps primitifs : *se plaindre, se plaignant, s'étant plaint, je me plains, je me plaignis.*

A tué, verbe transitif, indicatif, passé indéfini, 3e personne du sing., 1re conj. Temps primitifs : *tuer, tuant, tué, je tue, je tuai.*

L'ANALYSE DU VERBE consiste à énoncer :

1o L'espèce (*substantif, transitif, intransitif, pronominal, impersonnel, passif*).

2o Le mode (*indicatif, conditionnel, impératif, subjonctif, infinitif*).

3o Le temps.

4o La personne et le nombre (1re, 2e *ou* 3e *personne du sing. ou du plur.*).

5o La conjugaison.

6o Les temps primitifs.

RÉCAPITULATION.

L'élève analysera les verbes contenus dans le texte suivant.

Le calife Aaroun-al-Raschild avait envoyé au supplice son visir Giafar le Barmécide; mais longtemps après il se

---

(1) Pour ne pas dénaturer le verbe pronominal, il faut toujours l'analyser avec le pronom complément.

repentit de sa cruauté. Ses remords furent surtout excités par l'attachement que ses peuples conservèrent pour la mémoire de Barmécide. Un jour, un poète arabe, qui avait eu part aux bienfaits du visir, vint s'asseoir à la porte du palais d'Aaroun et chanta des vers qu'il avait faits à la louange de Barmécide. Ce prince en fut bientôt informé. Ayant ordonné qu'on amenât le poète en sa présence : « Pourquoi, lui demanda-t-il d'un ton sévère, oses-tu contrevenir à mes ordres en chantant un nom qu'il m'est désagréable d'entendre ? — Seigneur, répondit l'Arabe, le Roi des rois est bien puissant; mais il y a (1) quelque chose de plus puissant que lui. — Et quoi? dit le calife étonné. —Les bienfaits, » répondit le poète.

Aaroun fut frappé de cette repartie; il prit une très-belle coupe d'or qui était sur la table, et quand il l'eut donnée au poète : « Puisque tu es si reconnaissant, lui dit-il, c'est moi qu'il faut que tu chantes à présent ; félicite-toi de ton bonheur : Aaroun est devenu ton bienfaiteur ; mets son nom à la place de celui de Barmécide. » L'Arabe, prenant le vase, leva les mains au ciel : « O Barmécide ! s'écria-t-il, comment veut-on que je t'oublie ? voilà encore un présent que je te dois. » — 41 verbes.

DU PARTICIPE.

67. Le *Participe* est un mot qui tient, qui *participe* de la nature du verbe, en ce qu'il marque l'action, et de

(1) *Il y a.* Cette façon de parler constitue ce que l'on appelle un *gallicisme,* c'est-à-dire une tournure particulière à la langue française. Par raison de méthode, nous analysons le mot *y* avec le verbe (*y a*).

la nature de l'adjectif en ce qu'il exprime la manière d'être, l'état.

68. — Il y a deux sortes de participes : le participe *présent : travaillant, recevant, dormant*, et le participe *passé : travaillé, reçu, dormi*.

69. — Il ne faut pas confondre le participe présent avec certains adjectifs qualificatifs terminés au masculin singulier par *ant*, mais qui, comme tous les qualificatifs, admettent les différentes modifications du genre et du nombre. Ex. :

Un fardeau PESANT, *une mère* CARESSANTE, *des déserts* BRULANTS.

70. — PREMIÈRE REMARQUE. Le participe passé n'est du domaine de l'analyse que lorsqu'il est employé seul :

FAIT *pour adorer le Créateur, l'homme commande à toutes les créatures.*

71. — S'il est accompagné d'un auxiliaire, ce n'est plus à vrai dire un participe ; il forme avec l'auxiliaire une des modifications du verbe, ayant nombre, personne, etc. Ex. :

J'AI RÉCITÉ *ma leçon. La leçon que j*'AI RÉCITÉE.

72. — DEUXIÈME REMARQUE. Comme le nombre des verbes intransitifs conjugués avec *être* est assez restreint, les participes passés employés sans auxiliaire appartiennent en général à un verbe passif : l'élève pourra toujours s'en assurer en faisant usage du moyen que nous lui avons indiqué § 61. En effet, ne peut-on pas dire dans le devoir qui suit :

Que de trésors ONT ÉTÉ *ignorés !*
Que de richesses ONT ÉTÉ *enfouies !*
Que de fleurs, que de fruits, que de grains ONT ÉTÉ *perfectionnés, etc.*

APPLICATION.

L'élève analysera les participes présents et les participes passés contenus dans le devoir suivant.

Qu'elle est belle, cette nature cultivée !... L'homme en fait lui-même le principal ornement ; en se multipliant, il en multiplie le germe le plus précieux, et il semble la multiplier elle-même en mettant au jour par son art tout ce qu'elle recélait dans son sein. Que de trésors ignorés, que de richesses enfouies ! Les fleurs, les fruits, les grains perfectionnés, multipliés à l'infini ; les espèces utiles d'animaux transportées, propagées, augmentées, sans nombre ; les espèces nuisibles, réduites, confinées, reléguées ; l'or, et le fer moins estimé, moins recherché, mais plus nécessaire que l'or, tirés des entrailles de la terre ; les torrents contenus, les fleuves dirigés, resserrés ; la mer même soumise, reconnue, traversée d'un hémisphère à l'autre ; la terre devenant accessible partout, partout rendue aussi vivante que féconde ; les collines chargées de vignes et de fruits ; de jeunes forêts et des arbres utiles couronnant leurs sommets ; les déserts devenus des cités habitées par un peuple immense qui, circulant sans cesse et se répandant de ses centres jusqu'aux extrémités, porte de toutes parts la richesse, le mouvement et la vie ; des routes ouvertes et fréquentées, des communications établies ou s'établissant partout comme autant de témoins de la force et de l'union de la société ; mille autres monuments de puissance et de gloire démontrent que l'homme partage de tout temps l'empire avec la nature. — 34 participes.

MODÈLE D'ANALYSE.

Cultivée, participe passé du verbe passif *être cultivé,* féminin singulier, qualifie *nature.*

Se multipliant, participe présent du verbe pronominal *se multiplier,* invariable.

L'ANALYSE DU PARTICIPE consiste à énoncer :

1º L'espèce (*présent, passé*).

2º La nature du verbe dont il dérive.

3º Le genre et le nombre, pour le participe passé.

DE L'ADVERBE.

L'*Adverbe* est un mot qui sert à *modifier* ou un *verbe,* ou un *adjectif,* ou même un autre *adverbe.* Ex. :

Les heures passent RAPIDEMENT.

Le crime est PLUS hardi que la vertu.

Les bons meurent TROP tôt.

Rapidement modifie le verbe *passent. Plus* modifie l'adjectif *hardi. Trop* modifie l'adverbe *tôt.*

73. — Voici la liste des principaux adverbes :

1º DE TEMPS. — *Aujourd'hui, alors, auparavant, aussitôt, autrefois, bientôt, cependant, désormais, doréna-*

vant, enfin, ensuite, environ, hier, incontinent, jadis, jamais, longtemps, lors, maintenant, matin, naguère, nuitamment, parfois, quand, quelquefois, soudain, souvent, tantôt, tard, tôt, toujours, etc.

2° DE LIEU. — *Ailleurs, alentour, auprès, autour, céans, debout, deçà, dedans, dehors, delà, derrière, dessous, dessus, devant, ici, là, loin, où, partout, près, etc.*

3° DE QUANTITÉ. — *Assez, aussi, autant, beaucoup, bien, combien, comme, davantage, encore, fort, moins, peu, plus, presque, quasi, que* (combien), *quelque, si, tant, tellement, tout, très, trop, etc.*

4° ADVERBES DIVERS. — *Ainsi, bien, certes, comme, comment, donc, ensemble, exprès, gratis, incognito, mal, même, mieux, non, notamment, oui, pis, plutôt, pourquoi, sciemment, surtout, vite, volontiers,* et tous les mots en *ment* formés d'adjectifs, comme *aucunement, nullement, savamment,* etc., etc., etc.

74. — L'adverbe prend le nom de LOCUTION ADVERBIALE quand il se présente sous une forme composée.

Voici les locutions adverbiales les plus usitées :

1° DE TEMPS. — *A cette heure, au fur et à mesure, à jamais, à l'avenir, à l'improviste, après-demain, à présent, au plus tard, au plus tôt, à temps, à tout jamais, à tout moment, à tout propos, à tout venant, d'abord, dans peu, de nouveau, dès aujourd'hui, dès demain, dès lors, de temps en temps, là-dessus* (alors), *maintes fois, sans cesse, sous peu, sur-le-champ, tôt ou tard, tour à tour, tout à coup, tout à l'heure, tout de suite, une fois.* (Il était UNE FOIS un roi et une reine.)

2° DE LIEU. — *A huis-clos, à part, à tort et à travers, au loin, autre part, ci-après, ci-contre, ci-dessous, ci-dessus, ci-devant, ci-inclus, ci-joint, d'ailleurs, de côté; de côté et d'autre, d'en bas, d'en haut, d'ici, d'où, de travers, en arrière, en avant, en bas, en dedans, en dehors, en dessous, en dessus, en face, en haut, ici-bas, jusque-là, jusqu'ici, jusqu'où, là-dessous, là-dessus, là-haut, nulle part, par ici, par là, par où, quelque part, sens dessus dessous, etc.*

3° DE QUANTITÉ. — *A demi, à foison, à l'infini, à outrance, au moins, au plus, à verse, en entier, en masse, en partie, en tout, ne... guère, petit à petit, peu à peu, quelque peu, tout-à-fait, tout au plus, un peu, etc.*

4° LOCUTIONS DIVERSES. — *A bras-le-corps, à califourchon, à cloche-pied, à contre-cœur, à cor et à cri, à coup sûr, à jeun, à dessein, à la débandade, à la fois, à la vérité, à l'envi, à peine, à propos, à reculons, à regret, à tâtons, à tue-tête, au moins, au pis aller, au reste, à vide, coup sur coup, d'emblée, de même, de sang-froid, de suite, du moins, du reste, d'habitude, en définitive, en effet, en outre, en résumé, en sursaut, en suspens, en vain, ne... jamais, ne... pas, ne... plus, ne... point, par hasard, pas du tout, pêle-mêle, peut-être, sans contredit, sans doute, si bien, tant mieux, tant pis, tête-à-tête, tout à la fois, tout de même, tout d'un coup, etc., etc.*

75. — REMARQUE. L'expression *ne...que* est une locution adverbiale :

Le sage NE craint QUE *Dieu seul.*

76. — Quoique très-longue, la liste que nous venons de donner n'offre qu'une très-faible partie des locutions

adverbiales. Ces locutions fourmillent dans notre langue. Il faut analyser l'expression tout entière et se garder de décomposer, si l'on veut faire de l'analyse *grammaticale* et non une espèce d'analyse barbare et cacophonique.

APPLICATION.

L'élève analysera les adverbes contenus dans le devoir suivant.

Celui qui *ne* sait *pas* se taire sait *rarement bien* parler. L'univers est une sphère infinie dont le centre est *partout*, la circonférence *nulle part*. Un grand travail procure *presque toujours* (1) un grand plaisir. *Si* mince qu'il soit, un cheveu fait de l'ombre. Nos premières impressions s'effacent *difficilement*. La libéralité consiste *moins* à donner *beaucoup* qu'à donner *à propos*. Discutons *souvent, ne* disputons *jamais*. *Petit à petit* l'oiseau fait son nid. L'avare *ne* (77) songe *qu'*à son argent. *Tant* va la cruche à l'eau qu'*à la fin* elle se casse.

Je m'arrêtai tout court. Les loups mangent gloutonnement. La raison du plus fort est toujours la meilleure. La paresse va si lentement que la pauvreté l'atteint tout à coup. Tôt ou tard le châtiment atteint le coupable. Punir rarement et toujours à propos, récompenser quelquefois et encourager souvent, c'est un moyen sûr de se faire aimer et respecter. La caque sent toujours le hareng. Il vaut mieux

(1) Quand il y a deux adverbes de suite, le premier modifie ordinairement le second.

se corriger d'un défaut aujourd'hui que demain. Essaye encore, peut-être réussiras-tu. (20 adverbes.)

MODÈLE D'ANALYSE.

Ne... pas, loc. adv., mod. *sait.*
Rarement, adv., mod. *bien.*
Bien,   adv., mod. *parler.*
Partout,   adv., mod. *situé,* sous-ent. (1).
Nulle part, loc. adv., mod. *située,* sous·ent.

L'ANALYSE DE L'ADVERBE consiste à indiquer ce qu'il modifie (*adjectif, verbe* ou *adverbe*).

DE LA PRÉPOSITION.

La *Préposition* exprime le rapport qui existe entre deux mots, dont l'un (*mot complété*) la précède, et l'autre (*mot complément*) la suit.

77. — Comme la préposition exige toujours après elle un complément, on reconnaît mécaniquement qu'un mot est préposition quand on peut le faire suivre d'un *nom* ou d'un *pronom.*

Ainsi *vers, malgré, voilà, selon,* etc., sont prépositions parce qu'on peut dire, *vers la* VILLE, *malgré* NOUS, *voilà les* ENNEMIS, *selon vos* INTÉRÊTS, etc.

78. — PRÉPOSITIONS PRINCIPALES. *Après, attendu, avant, avec, chez, concernant, contre, dans, de, depuis, derrière, dès, devant, durant, en, entre, envers, excepté, hormis, hors, malgré, moyennant, nonobstant, outre,*

____

(1) Le verbe *être,* en tant que verbe substantif, ne saurait être modifié. Si donc il est accompagné d'un adverbe, c'est à l'attribut exprimé ou sous-entendu que se rapporte le modificatif.

par, parmi, pendant, pour, sans, sauf, selon, sous, suivant, supposé, sur, touchant, vers, voici, voilà, vu, etc.

79. — LOCUTIONS PRÉPOSITIVES. *A cause de, à côté de, à couvert de, afin de, à fleur de, à force de, à l'abri de, à la garde de, à la grâce de, à l'égard de, à l'exception de, à l'insu de, à l'issue de, à propos de, à titre de, à travers, au-dedans de, au-delà de, au-dessous de, au-dessus de, au-devant de, au lieu de, au milieu de, au moyen de, auprès de, au prix de, autour de, au travers de, avant de, avant que de, d'après, en-deçà de, en dépit de, en face de, en faveur de, en place de, en présence de, en raison de, eu égard à, faute de, jusqu'à, le long de, loin de, lors de, non-compris, par-delà, par-dessous, par-dessus, par devers, par rapport à, près de, proche de, quant à, vis-à-vis, vis-à-vis de, y compris,* etc.

80. — PREMIÈRE REMARQUE. *A est verbe ou préposition.* On distingue *à* préposition de *a* verbe en ce que celui-ci peut toujours se remplacer par un autre temps du verbe *avoir.* Ex. :

Il n'y A *pas de mérite à savoir l'orthographe, mais il y* A *beaucoup de honte à l'ignorer.*

On peut dire :

Il n'y AVAIT, *il n'y* AURA *pas de mérite; — il y* AURAIT *beaucoup de honte,* etc., substitution que le sens de la phrase ne permet jamais avec *à* préposition.

81. — DEUXIÈME REMARQUE. *En est pronom personnel ou préposition.* Il est *pronom,* quand il signifie *de lui, d'elle, d'eux, d'elles, de cela.* Ex. :

L'animal est le plus bel ouvrage de la nature, et l'homme EN *est le chef-d'œuvre.*

Dans tous les autres cas, il est *préposition* :

La Seine prend sa source EN *Bourgogne.*

EN *forgeant on devient forgeron.*

APPLICATION.

L'élève analysera les prépositions contenues dans
le devoir suivant.

Travaille *avec* zèle : le travail est le père *de* l'abondance et *de* la joie. Nous passâmes *à travers* mille écueils.
Le malheur, s'il n'est pas mérité, élève l'homme, *au lieu
de* le dégrader. Le soleil luit *pour* tout le monde. Le
printemps vient *après* l'hiver. Le vrai courage nous met
au-dessus du (*de* le) sort. Dieu nous jugera *selon* nos
œuvres. La persévérance vient *à bout de* tout. Le paresseux travaille toujours *malgré* lui. Esaü céda son droit
*d'*aînesse à Jacob, *moyennant* un plat *de* lentilles. Le
Nil couvre l'Égypte *pendant* plusieurs mois *de* l'année.

Pour un âne enlevé, deux voleurs se battaient. On
augmente son bonheur en le partageant avec un ami. La
prière de l'homme vertueux monte vers Dieu. Le bonheur est sous un toit rustique, il s'égare dans les châteaux.
L'homme a, dès sa naissance, le sentiment de la douleur.
L'orgueilleux se place au-dessus de tout le monde. Les
talents produisent suivant la culture. Dieu réside par-delà
tous les cieux. Les postillons partent malgré la pluie.
Près du déluge se range le décroissement de la vie hu-

maine. L'imagination va toujours au-delà de la réalité. — 16 prépositions.

MODÈLE D'ANALYSE.

Avec (1), prép., unit *travaille* à *zèle.*
De, prép., unit *père* à *abondance.*
De, prép., unit *père* à *joie.*
A travers, loc. prép., unit *passâmes* à *écueils.*

L'ANALYSE DE LA PRÉPOSITION consiste à indiquer les deux termes qu'elle unit.

DE LA CONJONCTION.

82. — Si je dis : *Dieu est bon,* j'affirme que la qualité exprimée par le mot *bon* appartient au substantif *Dieu.*

Cette phrase, composée d'un substantif (*Dieu*), d'un verbe (*est*), et d'un attribut (*bon*), s'appelle *proposition.*

83. — Il y a dans une phrase autant de propositions que de jugements énoncés ; ainsi cette phrase : *Dieu est bon,* MAIS *il est juste,* contient deux propositions :

1º *Dieu est bon.*

2º *Il est juste.*

On y trouve en outre la particule *mais,* tout-à-fait étrangère aux deux propositions, et qui sert à les *lier,* à les *joindre* l'une à l'autre.

Je désire QUE *tu travailles.*

La particule QUE est également étrangère aux deux ju-

____

(1) L'élève ne peut indiquer le rôle que joue la préposition qu'après avoir étudié la théorie complète du complément.

gements qui composent cette phrase ; et, comme *mais*, elle unit entre elles les deux propositions.

Dieu est bon ET juste.

Cette phrase renferme une proposition unique, composée du sujet *Dieu*, du verbe *est*, et des attributs *bon*, *juste*. Ici encore, nous trouvons un mot, *et*, lequel n'est pas essentiel à la proposition, et qui, à l'exemple des particules *mais, que*, sert à *lier* l'attribut *bon* à l'attribut *juste*.

Les mots *mais, que, et*, sont des *conjonctions*.

84. — Ainsi la *Conjonction* est un mot invariable qui sert à *joindre* deux propositions ou deux parties semblables de proposition.

85. — OBSERVATION. On rencontre souvent des phrases elliptiques, dans lesquelles on ne peut indiquer le rôle de la conjonction qu'en rétablissant la partie sous-entendue. Ex. :

Le chien sauvage est aussi féroce QUE *le loup.*

Sa tête branlait COMME *les feuilles.*

QUE *votre majesté ne se mette pas en colère.*

En faisant disparaître l'ellipse, on obtient :

Le chien sauvage est aussi féroce QUE *le loup est féroce.*

Sa tête branlait COMME *les feuilles branlent.*

Je souhaite, je désire QUE *votre majesté ne se mette pas en colère.*

Au moyen de cette nouvelle construction, les deux parties semblables sont mises en présence, et l'on distingue sans peine la fonction des conjonctions *que, comme, que*.

86. — CONJONCTIONS. *Ainsi, aussi, car, cependant, comme, comment, donc, et, lorsque, mais, néanmoins,*

ni, or, partant, pourquoi, pourtant, puisque, quand, que, quoique, si, sinon, soit, tantôt, toutefois, etc.

87. — LOCUTIONS CONJONCTIVES. *A condition que, afin que, ainsi que, alors que, alors même que, à mesure que, à moins que, après que, attendu que, au fur et à mesure que, aussi bien que, aussitôt que, autant que, avant que, bien que, c'est-à-dire, c'est-à-dire que, c'est pourquoi, de même que, de peur que, depuis que, de sorte que, dès que, en cas que, en même temps que, en sorte que, excepté que, jusqu'à ce que, moins que, non moins que, non plus que, ou bien, parce que, par conséquent, pas plus que, pendant que, pour que, pourvu que, quand même, quand bien même, sans que, si ce n'est que, sinon que, soit que, tandis que, tant que, tout aussi bien que, tout autant que, vu que,* etc.

APPLICATION.

L'élève analysera les conjonctions contenues dans le devoir
suivant.

Obéis *si* tu veux *qu'*on t'obéisse un jour. L'homme plante, *mais* Dieu arrose. Les gens faibles ne plient jamais *quand* ils le doivent. Nul ne peut être heureux, *à moins qu'*il ne jouisse de sa propre estime. L'envie honore le mérite, *alors qu'*elle s'efforce de l'avilir. On crie beaucoup contre les vices, *cependant* on ne se corrige point. Dieu accorde le sommeil au méchant, *afin que* les bons soient tranquilles.

On donne au cheval de l'éducation, *tandis que* l'âne est abandonné à la grossièreté des valets ou à la malice des enfants. Le bœuf engraisse son pâturage, *au lieu que* la plupart des autres animaux amaigrissent en peu d'années les meilleures prairies. Le rire du sage se voit, mais ne s'entend pas. Lorsqu'il n'y a rien au ratelier, les chevaux se battent. Dès que le printemps parut, on ne put arrêter l'impatience des croisés. Dieu est juste, donc il récompensera le bien et punira le mal. Les Indiens croient que la terre est portée par douze éléphants. Il faut battre le fer pendant qu'il est chaud. On se servait d'écorces d'arbres ou de peaux pour écrire, avant que le papier fût en usage. L'avare est content, pourvu qu'il amasse des richesses. Le chameau reste plusieurs jours sans boire ni manger. Dieu gouverne et voit tout. La vertu est nécessaire, car elle conduit au bonheur. Les hirondelles arrivent en même temps que (88) le printemps. — 17 conjonctions.

MODÈLE D'ANALYSE.

Si,   conj., unit *obéir* à *vouloir.*
Que,   conj., unit *vouloir* à *obéir.*
Mais,   conj., unit *planter* à *arroser.*
Quand, conj., unit *plier* à *devoir.*

L'ANALYSE DE LA CONJONCTION consiste à indiquer les deux mots ou les deux propositions semblables qu'elle unit.

NOTA. La différence qui existe entre le rôle de la conjonction et celui de la préposition, c'est que la conjonction unit toujours des parties de *même* nature, tandis qu'il n'y a aucune similitude obligée entre les deux mots qui sont joints par la préposition.

REMARQUES PARTICULIÈRES

SUR L'ADVERBE ET LA CONJONCTION.

91. — Il existe une grande ressemblance entre l'*adverbe* et la *conjonction;* dans certains cas, la conformité est telle

qu'il devient très-difficile, même pour les grammairiens et les lexicographes, de saisir la nuance délicate qui existe entre ces deux espèces de mots. Il semble même parfois que l'on puisse dire indistinctement *conjonction* ou *adverbe*, suivant que l'on considère le rapport de liaison ou celui de modification.

Les remarques suivantes aideront l'élève à faire cette distinction.

88. — Première remarque. *Quand* est *adverbe* ou *conjonction*.

Il est *adverbe* s'il figure au commencement d'une phrase interrogative :

Quand *partirez-vous?*

Alors il signifie *à quelle époque, à quel moment.*

Il est *conjonction* partout ailleurs, c'est-à-dire quand il a la signification de *lorsque, alors que.* Ex. :

L'amitié diminue quand (lorsque) *elle n'augmente plus.*

Quand (alors que) *l'histoire serait inutile aux autres hommes, il faudrait la lire aux princes.*

Quant, écrit par un *t,* et signifiant *à l'égard de,* forme, avec la préposition a qui l'accompagne toujours, une locution prépositive :

Quant a *moi, je partirai demain.*

89. — Deuxième remarque. *Comment* et *pourquoi* sont aussi *adverbes* quand ils commencent une phrase directement interrogative :

Comment *vous portez-vous?*

Pourquoi *le riche serait-il plus honoré que le savant?*

Dans tous les autres cas, c'est-à-dire quand ils figurent entre deux verbes, et que par conséquent l'interrogation est indirecte, ils sont *conjonctions :*

Demandez aux philosophes COMMENT *un gland devient un chêne.*

Le babillard ignore POURQUOI *la nature lui a donné deux oreilles et une seule bouche.*

Employé par exclamation, et dans le sens de *eh quoi ,* comment est *interjection :*

COMMENT! *des animaux qui tremblent devant moi !*

90. — TROISIÈME REMARQUE. *Comme* est *adverbe* ou *conjonction.*

Il est *adverbe* quand il marque la quantité. Ex. :

COMME *il m'a trompé!* COMME *il ment!*

Dans toutes ses autres acceptions , il est *conjonction.* Ex. :

L'air est lourd COMME (ainsi que) *tous les autres corps.*

COMME (parce que) *il était honnête homme, chacun se fiait à sa parole.*

Un cœur né pour servir sait mal COMME (comment) *on commande.*

91. — QUATRIÈME REMARQUE. *Ainsi et donc* sont ad-verbes ou *conjonctions.*

Ils sont *adverbes* quand ils modifient un verbe :

Je fuis, AINSI *le veut la fortune ennemie.*

Ai-je DONC *élevé si haut votre fortune pour mettre une barrière entre mon fils et moi?*

Ils sont *conjonctions* quand ils servent à lier deux propositions dont l'une sert de conclusion à l'autre :

L'ennemi faiblit, AINSI *la victoire est à nous.*
Je pense, DONC *j'existe.*

92. — CINQUIÈME REMARQUE. *Cependant* est *adverbe* ou *conjonction.*

Il est *adverbe* quand il a sa signification littérale (*pendant ce temps-là*) :

. . . . Raton
Tire un marron, puis deux, et puis trois en escroque,
Et *cependant* Bertrand les croque.

Il est *conjonction* dans tous les autres cas, et il peut se traduire par *néanmoins, pourtant.* Ex. :

Le monde est vieux, dit-on, CEPENDANT *il faut encore l'amuser comme un enfant.*

93. — SIXIÈME REMARQUE. *Que* est *adverbe* ou *conjonction.*

Que est *adverbe* quand il signifie *combien* ou *pourquoi.* Ex. :

QUE *la terre est petite dans l'univers !*
QUE *ne veniez-vous plus tôt ?*

Que est *conjonction* quand il sert à lier deux propositions :

Platon disait QUE *l'homme est un animal à deux pieds sans plumes.*

NOTA. Voir (§ 44) *que,* pronom relatif ou interrogatif.

94. — SEPTIÈME REMARQUE. *Si* est *adverbe* ou *conjonction.*

Il est *adverbe* quand il exprime une idée de quantité :

Cet enfant est si joli que tout le monde l'aime.

Si est *conjonction* quand il figure dans une phrase
conditionnelle. Ex. :

Si le loup vient, nous le tuerons.

95. — Huitième remarque. *Ou* est *adverbe* ou conjonction.

Il est *adverbe* quand il marque le lieu. Ex. :

Où fuyez-vous, mortels timides ?

Jeune soldat, où vas-tu ?

Employé comme *conjonction*, il signifie *ou bien :*

Avec moi de ce pas venez vaincre ou mourir.

Nota. Nous avons défini (§ 13) le cas dans lequel *où* est
pronom relatif.

APPLICATION.

L'élève analysera les mots écrits en italiques (*adverbes*
ou *conjonctions*).

Pourquoi s'enorgueillirait-on de sa naissance, puisqu'elle est un pur effet du hasard? Sois muet *quand* tu
as donné ; parle *quand* tu as reçu. *Comment* l'aurais-je
fait *si* je n'étais pas né ? *Comme* cette journée de printemps est agréable ! Les minéraux ne croissent pas *comme*
les végétaux. Le soleil est immobile, *donc* la terre tourne.
L'honneur exige *que* vous vous conduisiez *ainsi*. Corneille
n'est pas toujours égal à lui-même, *cependant* Corneille

est un excellent auteur. Par un soleil d'été, *que* les Alpes sont belles! Dieu veut *que* tous les hommes soient frères. Le bien qu'on fait n'est jamais perdu; Dieu s'en souvient, *si* les hommes l'oublient. Vous demandez *où* est Dieu : contemplez l'univers. Il faut se taire *ou* dire des choses qui vaillent mieux *que* le silence. *Quand* les nations cesseront-elles ces guerres fratricides, qui sont la honte d'un siècle civilisé? *Pourquoi* le sens de l'odorat est-il situé au-dessus du siége du goût? Nous ignorons *comment* on fabriquait le verre coloré au moyen-âge. La reconnaissance est le plus doux *comme* le plus saint des devoirs.

MODÈLE D'ANALYSE.

Pourquoi,   adv., mod. *s'enorgueillir.*
Quand,   conj., unit *être* à *donner.*
Quand,   conj., unit *parler* à *recevoir.*

DE L'INTERJECTION.

96. — L'*Interjection* sert à exprimer les mouvements vifs et subits de l'âme, comme la joie, la douleur, la surprise, le dégoût, etc.

C'est un mot isolé, complet par lui-même, qui n'a aucune espèce de relation avec les autres parties du discours, *entre* lesquelles il est comme *jeté*, et qui tient quelquefois la place d'une proposition tout entière.

97. — Liste des principales interjections. *Ah! aïe! bah! bravo! chut! crac! cric! diantre! eh! fi! ha! hé!*

*hélas! hein! hem! heu! hi! ho! holà! hum! motus! ô!
oh! ouais! ouf! paf! parbleu! pif! pouah! pouf!
pst! sandis! si! sus! têtebleu! ventrebleu, vertubleu!
zest! etc., etc.*

**98. — Mots pris accidentellement comme inter-
jections.** *Alerte! allons! bon! ciel! comment! courage!
dame! Dieu! dieux! ferme! halte! malheur! miséricorde! paix! peste! silence! tiens!*

99. — Locutions interjectives. *Bah, bah! Dieu du
ciel! Dieu me pardonne! fi donc! grand Dieu! ha,
ha! hé bien! hé quoi! hi, hi! ho, ho! juste ciel! ma
foi! mon Dieu! or çà! oui dà! sabre de bois! tout beau!
ventre saint gris! etc., etc.*

100. — Nota. Les lettres *l* et *t* employées, la première
devant le pronom indéfini *on*, la seconde dans les verbes interrogatifs, n'appartiennent à aucune des parties du discours;
ce sont des lettres purement euphoniques. Ex. : *Ce que* l'*on
conçoit bien s'énonce clairement. Viendra-*t-*il? Travaille-*
t-*on?*

APPLICATION.

L'élève reconnaîtra les interjections contenues dans
de devoir suivant.

Ah! qu'un ami est une douce chose! Alerte! voici les
ennemis. Ho, ho! je serai plus prudente. Eh! la peur se
corrige-t-elle? Là! le malheureux, il s'est laissé tomber! Miséricorde! on traîne mon mari en prison. Oh!
qu'il est cruel de n'espérer plus! Ma foi! sur l'avenir bien
fou qui se fiera! Diantre! quel appétit vous avez ce ma-

tin! Juste ciel! tout mon courage m'abandonne. Aïe! je me suis blessé. Ah! mon habit, que je vous remercie! Hélas! petits moutons, que vous êtes heureux! Or çà, sire Grégoire, que gagnez-vous par an? Eh bien! manger mouton, canaille, sotte espèce, est-ce un péché? Quand verrai-je, ô Sion, relever tes remparts? Peste! quel festin pour un cénobite! Comment! vous vous taisez dans un pareil moment? Ventrebleu! finirez-vous? ce sont là mes papiers. Courage! allons! point de repos. Ah! le petit babouin!

MODÈLE D'ANALYSE.

Ah!   interjection.
Alerte! interjection.
Ho, *ho!* locution interjective.

RÉCAPITULATION.

L'élève analysera les mots invariables contenus dans le texte suivant (*adverbes*, *prépositions*, *conjonctions* ou *interjections*).

Deux voyageurs, Claude *et* Thomas, s'en allaient *ensemble à* la foire; ils arrivent *dans* une forêt; Claude marche *en avant*; il aperçoit *devant* lui un sac plein *d*'écus, se jette *dessus à* la hâte *et* s'en saisit. — *Ah!* la bonne découverte que nous avons faite *là*, s'écrie Thomas *tout* joyeux. — Nous, répond Claude; *comment* entends-tu cela, l'ami? Dis *plutôt*, moi. J'ai trouvé le poisson *et* je le garde. Thomas *ne* souffle mot *et* marche *paisiblement à côté de* son riche voisin, qui compte *déjà en* lui-même tout ce qu'il pourra acheter *au moyen de* son or. *Tout à coup* deux voleurs paraissent *à* la lisière du bois. *Miséricorde!* s'écrie Claude saisi *de* frayeur ; nous sommes perdus. Nous, dit *alors* Thomas ; tu te trompes, l'ami ; dis *plutôt* toi. *En même temps* il se met *à* fuir. *Quant à* Claude, il en est empêché *par* l'argent qu'il porte. Les voleurs tombent *sur* lui le sabre *à* la main, le battent, le pillent *et* lui volent son trésor *ainsi que* son habit.

Celui qui *ne* pense *qu'à* soi *dans* la prospérité, *ne* mérite *pas que* l'on vienne *à* son secours *quand* il tombe *dans* le malheur.

Nota. Nous nous sommes appliqué à ne donner dans ces dernières leçons aucun mot invariable dont la fonction présentât des difficultés. Cette indication est essentielle. Cependant si les élèves sont d'un âge peu avancé, on pourra s'en dispenser, et dire tout simplement *adverbe, préposition, conjonction*; surtout pour ces deux dernières espèces de mots.

RÉCAPITULATION.

L'élève indiquera à quelle partie du discours appartient chacun des mots du texte suivant.

Pataud jouait avec Raton,
Mais sans gronder, sans mordre, en camarade, en frère :
Les chiens sont bonnes gens ; mais les chats, nous dit-on,
Sont justement tout le contraire.
Raton, bien qu'il jurât toujours
Avoir fait patte de velours,
Raton, et ce n'est pas une histoire apocryphe,
Dans la peau d'un ami, comme fait maint plaisant,
Enfonçait, tout en s'amusant,
Tantôt la dent, tantôt la griffe.
Pareil jeu dut cesser bientôt.

« Eh quoi! Pataud, tu fais la mine !
Ne sais-tu pas qu'il est d'un sot
De se fâcher quand on badine?
Ne suis-je pas ton bon ami?
— Prends le nom qui convient à ton humeur maligne,
Raton, ne sois rien à demi :
J'aime mieux un franc ennemi,
Qu'un bon ami qui m'égratigne. »

MODÈLE D'ANALYSE.

Pataud,	nom.		*Mais,*	conj.
Jouait,	verbe.		*Sans,*	prép.
Avec,	prép.		*Gronder,*	verbe.
Raton,	nom.		*Sans,*	prép.

RÉCAPITULATION GÉNÉRALE
SUR LES DIX PARTIES DU DISCOURS.

TEXTES A ANALYSER.

I.

L'Éternel est son nom ; le monde est son ouvrage.
Il entend les soupirs de l'humble qu'on outrage,
Juge tous les mortels avec d'égales lois,
Et du haut de son trône interroge les rois.
Des plus fermes états la chute épouvantable,
Quand il veut, n'est qu'un jeu de sa main redoutable.

II.

Dieu combla du chaos les abîmes funèbres ;
Il affermit la terre et chassa les ténèbres.
Les eaux couvraient au loin les rochers et les monts ;
Mais au bruit de sa voix les ondes se troublèrent,
Et soudain s'écoulèrent
Dans leurs gouffres profonds.

III.

Un lierre, en serpentant au haut d'une muraille,
Voit un petit rosier, et se rit de sa taille.

L'arbuste lui répond : « Apprends que sans appui
J'ai su m'élever par moi-même ;
Mais toi, dont l'orgueil est extrême,
Tu ramperais encor sans le secours d'autrui. »

IV.

Un jeune prince se promenait un jour dans la campagne environné (60) de toute sa cour. Il aperçut un derviche qui examinait attentivement une tête de mort : « Que (44) fais-tu là ? lui demanda le monarque surpris. — Je voudrais savoir, répondit le derviche, si cette tête a appartenu à un roi ou à un mendiant, et je ne puis y parvenir. »

V.

Les moments de récréation que l'on permet aux enfants sont une récompense accordée à l'application et à la bonne conduite. Ainsi (95) considéré, le plaisir donne du cœur à l'ouvrage et tourne au profit du travail. Ésope comparait l'esprit de l'homme à la corde d'un arc, qui perd de son élasticité si elle reste tendue trop longtemps.

VI.

On raconte qu'une fermière, qui s'était accoutumée à porter un veau tout jeune, le portait encore quand il fut devenu bœuf. C'est un conte, sans doute, pour nous montrer que l'habitude du travail rend tout facile.

VII.

Un roi s'ennuyait sur son trône. Quelqu'un lui conseilla de porter pendant quelques jours la chemise d'un homme heureux. Le grand-vizir fut chargé d'aller chercher dans toute l'étendue de l'empire le vêtement qui devait assurer le bonheur du souverain. Le ministre parcourut successivement toutes les classes de la société ; vains efforts : il ne trouva pas ce qu'il cherchait. Enfin il rencontra un jeune berger qui chantait et qui dansait à perdre haleine. Il ordonna qu'on le saisît et qu'on lui enlevât le précieux talisman : hélas !... cet homme heureux n'avait point de chemise.

VIII.

Un renard se lamentait : « Je n'ai dérobé qu'une seule poule, disait-il ; j'ai pris toutes les précautions que la prudence peut suggérer, cependant (96) je suis découvert ; comment (95) faut-il faire désormais ? — Rien n'est plus facile, lui répondit-on ; si tu veux qu'on ignore une mauvaise action, ne la commets pas.

IX.

L'oisiveté, qui est la mère de tous les vices, engendre en outre un grand nombre de maladies. « Je ne travaille jamais, disait un paresseux, parce que je suis toujours malade. » Quelqu'un lui répondit : « Tu t'exprimerais plus justement, si tu disais : Je suis toujours malade, parce que je ne travaille jamais. »

X.

Le mauvais exemple peut devenir aussi profitable que le bon. On s'étonnait de voir la fauvette écouter avec un égal recueillement les savantes modulations du rossignol et les cris aigus et discordants du perroquet : « L'un, répondit-elle, m'apprend ce que je dois faire, l'autre, ce que je dois éviter. »

CHAPITRE II.

DÉPENDANCE ET FONCTION DES MOTS.

101. Considérés sous le rapport de la fonction qu'ils remplissent dans la proposition, les mots peuvent être *sujets*, *compléments*, *appositifs*, *attributs*, ou mis en *apostrophe*.

DU SUJET.

102. — On appelle *sujet* l'être auquel se rapporte l'état ou l'action qu'exprime le verbe.

103. — Le *sujet* répond à la question *qui est-ce qui*, pour les personnes, et *qu'est-ce qui*, pour les choses :

> Le BOEUF *traîne la charrue.*
> La ROSÉE *fertilise la terre.*

Qui *est-ce qui* traîne la charrue? *Le bœuf.*
Qu'*est-ce qui* fertilise la terre? *La rosée.*

> *Bœuf*, sujet de *traîne.*
> *Rosée*, sujet de *fertilise.*

104. — Quelquefois le sujet suit le verbe au lieu de le précéder :

Jadis vivait en Lombardie un PRINCE *aussi beau que le jour.*

> *Prince*, sujet de *vivait.*

105. — Un seul mot peut être à la fois sujet de plusieurs verbes, car un seul individu peut faire en même temps plusieurs actions :

Les HOMMES *taillent, façonnent, pétrissent, moulent;* DIEU *seul crée et anéantit.*

106. — Plusieurs mots peuvent être sujets d'un seul verbe, car plusieurs individus peuvent faire ensemble une même action :

Les CASTORS *et les* ABEILLES *travaillent avec un instinct merveilleux.*

107. — Des dix espèces de mots, le verbe seul exprimant une action, est aussi le seul qui puisse avoir un sujet.

108. — Le mode infinitif, qui exprime l'action d'une manière vague et générale, n'a jamais de sujet. Ainsi, dans les phrases suivantes :

Cette question embarrassant notre homme,
On ne dort point, dit-il, quand on a tant d'esprit.

Les PARTS ÉTANT FAITES, *le lion parla ainsi.*

HOLOPHERNE AYANT ÉTÉ TUÉ, *toute l'armée des Assyriens prit la fuite.*

Les substantifs *question, parts, Holopherne,* ne sont point sujets des participes *embarrassant, étant faites, ayant été tué.*

Ces phrases sont elliptiques; elles équivalent à celles-ci :

Comme cette question embarrassait... etc.
Quand les parts furent faites... etc.
Dès qu'Holopherne eut été tué... etc.

Et alors :

Question est sujet de *embarrassait*; *parts,* sujet de *furent faites*; *Holopherne,* sujet de *eut été tué.*

109. Le sujet d'un verbe à l'impératif est le plus souvent sous-entendu. Ex. :

> RENDS *les armes.* — VIENS *les prendre.*
> *Ne* MANGEONS *pas notre bien en herbe.*

C'est comme s'il y avait :

TOI, *rends les armes.* — TOI, *viens les prendre.*
NOUS, *ne mangeons pas...* etc.

110. — Le sujet d'un verbe peut être représenté :

1° Par un *nom* :

Le CORBEAU *jura qu'on ne l'y prendrait plus.*
*L'*ÉTUDE *guérit l'ennui.*

2° Par un *mot* quelconque pris *substantivement* :

> *L'*INDISCRET *n'a point d'amis.*
> CINQ *et* QUATRE *font neuf.*
> *Le* MIEUX *est l'ennemi du bien.*

3° Par un pronom :

CHACUN *croit ordinairement ce qu'*IL *craint ou ce qu'*IL *désire.*

NOUS *redoutons la mort* QUI *finit tous nos maux.*

4° Par un *verbe* à l'infinitif :

> MOURIR *pour sa patrie est une belle mort.*

5° Par une proposition :

> *Il vous faut* est fort bon ; mon moulin est à moi
> Tout aussi bien, au moins, que la Prusse est au roi.

111. — PREMIÈRE REMARQUE. Le relatif *qui*, précédé de son antécédent, est toujours sujet du verbe qui le suit. Ex. :

> *Le chien lèche la main* QUI *le frappe.*

Qui, sujet de *frappe.*

112. — DEUXIÈME REMARQUE. La locution *celui qui*, placée au commencement d'une phrase, renferme deux sujets, *celui*, *qui*. *Qui* est toujours sujet du premier verbe, et *celui* sujet du second. Ex. :

CELUI QUI *n'aime que soi n'est aimé de personne.*

Dans cette phrase, *qui* est sujet de *aime*, et *celui* sujet de *est aimé*.

Quelquefois, au lieu de *celui qui*, on emploie *quiconque*. Ce pronom indéfini étant mis pour *l'homme qui*, renferme en lui-même les deux sujets :

QUICONQUE *n'aime que soi, n'est aimé de personne.*

Il peut arriver enfin que l'on supprime le premier pronom et que l'on dise :

QUI *n'aime que soi n'est aimé de personne.*

Alors *qui* reste sujet du premier verbe, et *celui*, sujet du second, est sous-entendu.

APPLICATION.

L'élève analysera les sujets contenus dans le devoir suivant. (*Les mots en italiques remplissent la fonction de sujets.*)

Les *grenouilles* sautent et nagent. Que peuvent contre Dieu tous les *rois* de la terre? *Promettre* et *tenir* sont deux. La *jeunesse* et l'*inexpérience* nous exposent à bien des fautes. Le *bruit* des exploits de Clovis étant parvenu jusqu'à Constantinople, l'*empereur* Anastase envoya pour le féliciter. Un *ciel* chargé d'épais nuages, où mugissent les *vents*, où les *tonnerres* grondent, où tombent presque sans relâche des *pluies* orageuses, des *grêles* meurtrières, couvre sans cesse l'île de la Gorgone. *Chacun pour soi et*

Dieu pour tous est une maxime égoïste. *Jupiter* s'irrite contre Apollon, le chasse du ciel et le précipite vers la terre.

Sire, dit le renard, vous êtes trop bon roi. L'envie, qui est l'ombre de la gloire, la suit partout. Plusieurs peu font un beaucoup. Celui qui a un grand sens sait beaucoup. Celui-là est riche qui est savant. Quiconque accomplit ses devoirs trouve en lui-même sa récompense. Qui sait tout souffrir peut tout oser. Dieu, pour conserver les saintes vérités qu'altérait chaque jour la dépravation humaine, résolut de se choisir un peuple élu. Le *qu'il mourût* de Corneille sera toujours du plus beau sublime. Un proverbe dit : Parler nuit. Gorgias marche, dort, mange et boit, mais il ne vit pas. L'enfance dit : Je vis ; les jeunes gens s'écrient : Nous vivrons ; le vieillard balbutie : J'ai vécu. On voyait une rivière où se formaient des îles bordées de tilleuls fleuris. Je suis souris : vivent les rats ! La raison et la vérité s'en vont, quand elles entendent disputer. Tout provient de la bonté de Dieu. Tous les conjurés étant rassemblés, Renault prit la parole. — 34 Sujets exprimés.

MODÈLE D'ANALYSE.

Grenouilles,   suj. de *sautent* et de *nagent.*
Rois,   suj. de *peuvent.*
Promettre, tenir, suj. de *sont.*

Nota. Dans les analyses orales, il est important que les élèves rappellent, pendant quelque temps, le moyen mécanique à l'aide duquel ils obtiennent le sujet. On dira donc ici : Qui est-ce qui *sautent?* Qui est-ce qui *nagent?* Réponse : *les grenouilles.*

Cette observation s'applique également au complément direct, au complément indirect et au complément circonstanciel.

APPLICATION.

L'élève analysera les sujets contenus dans le texte
suivant.

LES RUINES DE PALMYRE.

Le soleil venait de se coucher; un bandeau rougeâtre
marquait encore sa trace à l'horizon lointain; la lune
s'élevait à l'orient sur un fond bleuâtre; le ciel était pur;
tout dans la nature était calme et serein; l'éclat mourant
du jour tempérait l'horreur des ténèbres; la fraîcheur
naissante de la nuit calmait les feux de la terre embrasée;
les pâtres de la Syrie avaient retiré leurs chameaux et
étaient rentrés sous leurs tentes; l'œil n'apercevait aucun
mouvement sur la plaine monotone et grisâtre; un vaste
silence régnait sur le désert; seulement, à de longs in-
tervalles, on entendait les lugubres cris de quelques cha-
cals. Ces lieux solitaires, cette soirée paisible, cette scène
majestueuse, imprimèrent à mon esprit un recueillement
religieux. Je m'assis sur le tronc d'une colonne et je
m'abandonnai à une rêverie profonde. Ici, me dis-je,
ici fleurit jadis une ville opulente; ici fut le siége d'un
empire puissant. Oui, ces lieux maintenant si déserts,
jadis une multitude vivante animait leur enceinte; une
foule active circulait dans ces routes aujourd'hui solitaires. En ces murs, où règne un morne silence, retentis-
saient sans cesse le bruit des arts et les cris d'allégresse
et de fête; ces marbres amoncelés formaient des palais
réguliers; ces colonnes abattues ornaient la majesté des
temples; ces galeries écroulées dessinaient les places publiques. Là, affluait un peuple nombreux; là, une in-

dustrie créatrice appelait les richesses de tous les climats. Mais aujourd'hui, au concours bruyant qui se pressait sous ces portiques, a succédé une solitude de mort ; le silence des tombeaux s'est substitué au murmure des places publiques ; l'opulence d'une cité de commerce s'est changée en une pauvreté hideuse ; les palais des rois sont devenus le repaire des bêtes fauves ; les troupeaux parquent au seuil des temples, et les reptiles immondes habitent le sanctuaire des dieux... Ainsi donc périssent les ouvrages des hommes ! Ainsi s'écroulent les empires et les nations ! — 59 Sujets.

DES COMPLÉMENTS.

117. — On appelle *complément grammatical* tout mot qui sert à *compléter* l'idée commencée par un autre mot.

118. — Les mots susceptibles d'avoir un complément sont le *verbe,* le *nom,* l'*adjectif,* l'*adverbe* et la *préposition.* Ex. :

REMPORTER *une victoire.* COEUR *de mère.* PLEIN *d'ambition.* BEAUCOUP *de courage. Être bon* SANS *faiblesse.*

Victoire est complément du verbe *remporter. Mère* complément du substantif *cœur. Ambition* complément de l'adjectif *plein. Courage* complément de l'adverbe *beaucoup. Faiblesse* complément de la préposition *sans.*

COMPLÉMENTS DU VERBE.

119. — Le verbe peut avoir trois sortes de compléments : complément *direct,* complément *indirect,* et complément *circonstanciel.*

DU COMPLÉMENT DIRECT.

120. — Le complément *direct* est un mot qui reçoit *directement*, c'est-à-dire sans le secours d'une préposition, l'action exprimée par le verbe.

121. — Il répond à la question *qui* ou *quoi* faite avec le verbe. Ex. :

Élevez bien votre FILS, *et il consolera votre* VIEILLESSE.

Élevez qui? Votre fils. Il consolera *quoi?* Votre vieillesse.

Fils est complément direct de *élevez*, et *vieillesse* complément direct de *consolera*.

122. — Un seul verbe peut avoir plusieurs compléments directs :

La mort frappe les ROIS *et les* BERGERS.

123. — Un seul complément direct peut se râpporter en même temps à plusieurs verbes :

La lecture du Robinson suisse AMUSE *et* INSTRUIT *les enfants.*

124. — Il n'y a que les verbes *transitifs* et les verbes *pronominaux* qui puissent avoir un complément direct.

125. — Le complément direct d'un verbe peut être représenté :

1º Par un *nom :*

Les avares tondraient un OEUF.

2º Par un *pronom :*

Dieu NOUS *voit* (*Dieu voit* NOUS).

L'orgueilleux SE *flatte* (*L'orgueilleux flatte* SE).

3º Par un *verbe* à l'infinitif :

Celui qui ne sait pas OBÉIR *ne sait pas* COMMANDER.

4º Par une *proposition* tout entière :

Dieu a dit à la mer : TU VIENDRAS ICI BRISER L'ORGUEIL DE TES VAGUES.

La femme sensible demande QU'ON L'AIME ; *la vaniteuse veut* QU'ON LA PRÉFÈRE.

Cette particularité est commune à tous les verbes transitifs. Quelques-uns même, comme *penser, croire, assurer, s'imaginer, répondre, dire,* n'ont d'ordinaire pour complément direct qu'une phrase entière.

126. — PREMIÈRE REMARQUE. *Le, la, les,* pronoms personnels, et *que,* pronom relatif, sont toujours compléments directs du verbe qui les suit :

L'éléphant s'attache tendrement à celui qui LE *conduit.*

La nature révèle ses secrets à celui qui L'*interroge.*

Les flatteurs vivent aux dépens de ceux qui LES *écoutent.*

Le, l' (la), les, sont les compléments directs des verbes *conduire, interroger, écouter.*

Un frère est un ami QUE *donne la nature.*

Que est complément direct de *donne.*

127. — DEUXIÈME REMARQUE. Le complément direct est quelquefois marqué par un des mots *de, du, des;* c'est lorsqu'il est pris dans un sens partitif. Ex. :

Le paresseux mange DU *pain et boit* DE *l'eau.*

L'insensé demande DES *amis.*

Pain, eau, amis sont les compléments directs des verbes *manger, boire, demander.*

128. — TROISIÈME REMARQUE. Le verbe *faire,* suivi d'un infinitif, principalement d'un infinitif neutre, ne doit pas s'analyser isolément; c'est alors une espèce d'auxiliaire, un mot qui n'a pas de signification qui lui soit propre. Ex. :

Le soleil FAIT MURIR *les moissons.*

Il n'y a que la crainte de la punition qui FASSE TRA-
VAILLER *le paresseux.*

Cette manière d'analyser est d'autant plus logique que
faire est le plus souvent accompagné d'un verbe intransitif, lequel est suivi d'un complément direct qui semble
lui appartenir. C'est ainsi que, dans les deux exemples
ci-dessus, *moissons* paraît être le complément direct de
mûrir, et *paresseux* le complément direct de *travailler.*

En analysant ensemble les deux verbes, toute difficulté
disparaît, puisque *moissons* devient complément direct de
fait mûrir, et *paresseux* de *fasse travailler.*

N. B. L'analyse des deux verbes réunis n'est de ri-
gueur que si le second est intransitif.

129. — QUATRIÈME REMARQUE. Quand un verbe a pour
complément direct un infinitif, cet infinitif complément
est quelquefois précédé d'une des prépositions *à* ou *de.*

Ces prépositions sont purement euphoniques, elles ne
jouent aucun rôle dans la phrase, et ne peuvent exercer
aucune influence sur la nature du complément, qui
reste direct, puisqu'il répond à la question directe
quoi. Ex. :

Damon demandait DE *mourir pour son ami.*

Craignez, Télémaque, DE *tomber entre les mains de
Pygmalion.*

Saül ordonna à son écuyer DE *le tuer.*

C'est en forgeant qu'on apprend A *forger.*

On peut dire :

Damon demandait QUOI? DE MOURIR.

Craignez QUOI? DE TOMBER.

Saül ordonna QUOI? DE TUER (LE).

On apprend QUOI? A FORGER.

D'où les infinitifs *mourir, tomber, tuer, forger* sont les compléments directs des verbes *demander, craindre, ordonner, apprendre.*

NOTA. Quelques grammairiens expliquent ces sortes de phrases par l'ellipse d'un substantif :

Damon demandait la FAVEUR *de mourir...*

Craignez, Télémaque, le MALHEUR *de tomber...* etc., etc.

Nous préférons le premier mode d'analyse comme plus simple et (c'est du moins notre opinion) plus logique.

130. — CINQUIÈME REMARQUE. Quand il y a deux verbes de suite, le second se met généralement à l'infinitif ; c'est un principe de grammaire française ; mais ce qui a rapport à l'analyse grammaticale, c'est de savoir si alors le complément direct de la proposition appartient au verbe personnel ou à l'infinitif.

Par exemple :

La rose QUE *j'ai vu cueillir.*

J'ai vu écrire cet ENFANT.

Que est-il complément direct de *ai vu* ou de *cueillir ?*

Enfant est-il complément direct de *ai vu* ou de *écrire ?*

Voici la règle :

131. — Le complément appartient à l'infinitif, quand ce complément ne fait pas l'action du verbe à l'infinitif :

La rose QUE *j'ai vu cueillir.*

Que, mis pour *rose*, ne faisant pas l'action de *cueillir*, est complément direct de cet infinitif ; et *cueillir* est complément direct de *ai vu.*

132. — Le complément appartient au premier verbe, si ce complément fait l'action du verbe à l'infinitif :

J'ai vu écrire cet ENFANT.

Enfant faisant l'action. marquée par le verbe *écrire*, est complément direct de *ai vu*. Quant à l'infinitif *écrire*, il est attribut du complément *enfant* (Voir § 170) :

J'ai vu cet enfant ÉCRIVANT.

APPLICATION.

L'élève analysera les compléments directs contenus dans le devoir suivant. (*Les mots en italiques remplissent la fonction de compléments directs.*)

L'orgueilleux aime à *se vanter* et cherche continuellement à *rabaisser les autres*. L'historien Capitolin assure que les anciens faisaient danser des *éléphants* sur la corde. La terre produit des *fruits* excellents. Un frère doit *aider* son *frère* : une main lave *l'autre*. *Que* peut-on *comparer* à la joie *que* l'on ressent quand on a fait une bonne *action* ? Nous avons des *écrivains* modernes qui affectent d'*être* inintelligibles. L'égoïste brûlerait la *maison* de son voisin pour faire cuire deux *œufs*. Ne dites *rien* qui puisse *attrister ceux* qui *vous* écoutent. L'air qu'on respire sur les tombeaux épure les *pensées*.

Qui connaîtrait le poids d'une couronne ne voudrait pas la ramasser. L'âge rajeunit l'avarice. La religion éclaire l'homme et le rend meilleur. Le commerce réunit les nations, entretient l'industrie, et répand ses bienfaits sur tout l'univers. Le temps use l'erreur et polit la vérité. L'industrie paye les dettes, le désespoir les augmente. On apprend fort aisément à parler aux perroquets. L'écureuil mange des fruits, des noisettes, de la faîne et du gland. Travaillez, prenez de la peine. La vérité le fait rougir. Un bon père aime ses enfants, mais il les châtie quand ils le méritent. Les roses parfument et embellissent nos jardins. La raison supporte les disgrâces, le courage les combat, la patience et la résignation les surmontent. Apollon chantait les fleurs dont le printemps se couronne, les parfums qu'il répand, et la verdure qui naît sous ses pas. L'artiste que j'ai vu peindre mérite des éloges. Les tableaux que j'ai vu peindre ne sont pas des chefs-d'œuvre. J'ai traversé le champ du paresseux, et je l'ai trouvé couvert d'orties. — 38 compléments directs.

MODÈLE D'ANALYSE.

Se,   compl. dir. de *vanter.*
Vanter,   compl. dir. de *aime.*
Rabaisser,   compl. dir. de *cherche.*
Les autres, compl. dir. de *rabaisser.*
Éléphants, compl. dir. de *faisaient danser.*

APPLICATION.

L'élève analysera les compléments directs contenus dans lo texte suivant.

Une admirable providence se fait remarquer (131) dans les nids des oiseaux. On ne peut contempler, sans être attendri, cette bonté divine qui donne l'industrie au faible et la prévoyance à l'insouciant.

Aussitôt que les arbres ont développé leurs fleurs, mille ouvriers commencent leurs travaux. Ceux-ci portent de longues pailles dans le trou d'un vieux mur; ceux-là maçonnent des bâtiments, aux fenêtres d'une église; d'autres dérobent un crin à une cavale, ou le brin de laine que la brebis a laissé suspendu à la ronce. On voit des bûcherons qui croisent des branches dans la cime d'un arbre, et des filandières qui recueillent la soie sur un chardon. Mille palais s'élèvent, et chaque palais est un nid ; chaque nid voit des métamorphoses charmantes, un œuf brillant, ensuite un petit couvert de duvet. Ce nourrisson prend des plumes ; sa mère lui apprend à se soulever (129) sur sa couche. Bientôt il va jusqu'à se pencher sur le bord de son berceau, d'où il jette un premier coup d'œil sur la nature. Effrayé et ravi, il se précipite parmi ses frères, qui n'ont point encore vu ce spectacle : mais la voix de ses parents le rappelle ; il quitte une seconde fois sa couche ; et ce jeune roi des airs, qui porte encore la couronne de l'enfance autour de sa tête, ose déjà contempler le vaste ciel, la cime ondoyante des pins, et les abîmes de verdure au-dessous du chêne paternel. Et pourtant, tandis que les forêts se réjouissent en recevant leur nouvel hôte, un vieil oiseau, que ses ailes commencent à abandonner, vient s'abattre auprès d'un courant d'eau. Là, résigné et solitaire, il attend tranquillement la mort au bord du même fleuve où jadis on l'entendait chanter (132) ses plaisirs, et dont les arbres portent encore son nid et sa postérité harmonieuse.

COMPLÉMENT INDIRECT.

133. — Le complément *indirect* est le terme sur lequel l'action du verbe passe *indirectement*, c'est-à-dire au moyen d'une préposition comme *à, de, par,* etc.

134. — Il répond à l'une des questions *à qui, à quoi ; de qui, de quoi ; par qui, par quoi,* etc., faite avec le verbe. Ex. :

L'exilé songe à sa PATRIE.

L'éléphant se souvient des INJURES.

La naissance du Christ a été annoncée par les PROPHÈTES.

L'exilé songe *à quoi? A sa patrie.*

L'éléphant se souvient *de quoi? Des injures.*

La naissance du Christ a été annoncée *par qui ? Par les prophètes.*

— Patrie est complément indirect de *songe, injures* complément indirect de *se souvient, prophètes* complément indirect de *a été annoncée.*

135. — Les mots susceptibles d'avoir un complément indirect sont les verbes *transitifs*, les verbes *intransitifs*, les verbes *pronominaux* et les verbes *passifs*. Ex. :

Une mère PARDONNE *facilement à son* FILS.

La modestie SIED *au* MÉRITE.

Le geai SE PARA *des* PLUMES *du paon.*

Rome FUT PRISE *par les* GAULOIS.

136. — PREMIÈRE REMARQUE. — Dans les verbes pronominaux, les pronoms *me, te, se, nous, vous, se,* sont tantôt compléments directs, tantôt compléments indirects. Ils sont compléments directs quand on peut les remplacer par *moi, toi, lui, nous, vous, eux* :

Je *m'*applaudis,	MIS POUR	j'applaudis *moi*.
Tu *t'*applaudis,	—	tu applaudis *toi*.
Il *s'*applaudit,	—	il applaudit *lui*.
Nous *nous* applaudissons,	—	nous applaudissons *nous*, etc.

Ils sont compléments indirects quand ils sont mis pour *à moi, à toi, à lui, à nous, à vous, à eux* :

Je *me* réponds,	MIS POUR	je réponds *à moi*.
Tu *te* réponds,	—	tu réponds *à toi*.
Il *se* répond,	—	il répond *à lui*.
Nous *nous* répondons,	—	nous répondons *à nous*, etc.

137. — Deuxième remarque. — *Lui, leur,* placés devant un verbe, ainsi que les pronoms *dont, y,* renfermant une préposition, sont nécessairement compléments indirects. Ex. :

La nature ne s'écarte jamais des lois qui LUI *ont été prescrites.*

Lui, pour *à elle,* est complément indirect de *ont été prescrites.*

Pour dompter les buffles, on LEUR *passe un anneau dans le nez.*

Leur, mis pour *à eux,* est complément indirect de *passe.*

Il n'y a point de mal DONT *il ne naisse quelque bien.*

Dont, mis pour *duquel,* est complément indirect de *naisse.*

*J'ai connu le malheur, et j'*Y *sais compatir.*

Y, mis pour *auquel (à lui),* est complément indirect de *compatir.*

Nota. *En,* pronom personnel, renferme toujours la préposition *de,* et est le plus souvent complément indirect d'un verbe. Ex. :

*Bon appétit surtout, renards n'*EN *manquent point.*

En, mis pour *de appétit,* est complément indirect de *manquen.*

138. — Troisième remarque. — Certains verbes *neutres,* comme *aller, venir, faillir, convenir, consentir,* etc., sont souvent, par raison d'euphonie ou de concision, suivis d'un complément avec ellipse de la préposition. Conséquemment ce complément conserve sa nature indirecte ou circonstancielle.

Cette particularité présente deux cas :

1º Verbes intransitifs ayant pour complément un infinitif sans préposition exprimée :

Allez *dire* à votre maître...	Allez *pour* dire...
Venez *vaincre* ou mourir.	Venez *pour* vaincre...
Faillir *tomber*.	Faillir (manquer) *de* tomber.

2º Verbes intransitifs ayant une proposition pour complément indirect :

Je consens *que vos yeux soient toujours abusés.*
Je consens à ce que vos yeux...

Je conviens *qu'il a tort.*	Je conviens *de* ce qu'il..

APPLICATION.

L'élève analysera les compléments indirects contenus dans le devoir suivant. (*Les mots en italiques remplissent la fonction de compléments indirects.*)

139. — Ne vous débarrassez pas d'un *pauvre* comme d'un *chien*, en *lui* jetant ce que vous *lui* donnez. C'est Dieu qui *nous* a donné tous les biens *dont* nous jouissons. Il vaut mieux s'exposer à l'*ingratitude* que de refuser à un *malheureux*. Que rien ne te soit plus sacré que l'accomplissement d'une promesse, surtout si tu l'as faite à *quelqu'un* qui manque du *besoin*. La gloire des grands hommes doit toujours se mesurer aux *moyens dont* ils se sont servis pour l'acquérir. La peur ajoute au *mal* au lieu d'*y* remédier. Les jeunes gens qui se livrent au *travail* avec ardeur, *se* préparent d'heureux jours. L'homme s'ennuie du *bien*, cherche le mieux, trouve le mal, et s'*y* soumet, crainte de pire.

La moitié du genre humain rit de l'autre. Bion disait d'un envieux : Quand on lui voit du chagrin, on ne sait s'il lui est arrivé du mal, ou du bien aux autres. J'aime mieux être trompé par mon ami que de m'en défier. On apprend la tempérance aux chiens, et l'on ne peut l'apprendre aux hommes. La fileuse vigilante ne manque jamais de chemise. La pensée console de tout et remédie à tout ; si quelquefois elle vous fait du mal, demandez-lui le remède du mal qu'elle vous a fait, elle vous le donnera. Le lendemain doit profiter des leçons de la veille. Celui qui ne pense à ses devoirs que quand on l'en avertit, ne mérite aucune estime. On a toujours tort avec sa conscience, quand on est réduit à discuter contre elle. L'instruction est un bien qu'aucun naufrage ne peut nous ravir. Rendez à César ce qui appartient à César. Dieu a formé l'homme de limon. On prodigue toujours des flatteries à ceux dont on espère quelque chose. (28 compléments indirects.)

MODÈLE D'ANALYSE.

Pauvre,   compl. ind. de *débarrassez.*
Chien,   compl. ind. de *débarrasseriez,* sous-ent.
Lui,   compl. ind. de *jetant.*
Lui,   compl. ind. de *donnez.*

APPLICATION.

L'élève analysera les compléments indirects contenus
dans le texte suivant.

Deux enfants, l'un fort simple, l'autre plus madré, trouvèrent en commun des noix nouvelles. Il s'agissait de les *partager* ; notre rusé les ouvre, prend les cerneaux pour *lui,* et donne les écales à son *camarade,* qui cherche vainement le moyen de profiter du *lot* qu'on *lui* a assigné. Il *s'aperçoit* (*se* pour à *soi*) enfin qu'on s'est moqué de *lui.* « Il ne m'y prendra plus, *se* dit-il tout bas ; et je saurai bien me venger de cette *supercherie,* si l'occasion *me* le permet. » Ils continuent leur promenade. Un peu plus loin, ils trouvent des olives. Alors celui qui se flatte de *tromper* à son tour, dit au *trompeur* : « Garde pour *toi* l'écorce, et donne-*moi* ce qui est dedans. » L'autre rit sous cape du *partage*, et s'empresse d'*acquiescer* à *ce* que *lui* propose son compagnon. Il s'empare de la *chair* délicate des olives, et donne au pauvre *sot* les durs noyaux que lui-même il *s'était adjugés*.

L'expérience ne sert de *rien* à *ceux* qui manquent de *sens*. Ils ne savent point profiter des *leçons* que *leur* donne l'adversité.

DU COMPLÉMENT CIRCONSTANCIEL.

140. — Le *complément circonstanciel* est le mot qui complète le sens du verbe au moyen d'une idée accessoire de *lieu*, de *temps*, de *manière* ou de *cause*.

Il répond aux questions *où, d'où, par où, quand, comment, pourquoi.* Ex. :

On va de FRANCE en ITALIE *par la* SUISSE.

On va où ? *En Italie.* D'où ? *De France.* Par où ? *Par la Suisse.*

Italie, France, Suisse, sont les compléments circonstanciels de *va*. Circonstances de lieu.

*Les hirondelles partent avant l'*HIVER *et reviennent au* PRINTEMPS.

Les hirondelles partent quand ? *Avant l'hiver. Elles reviennent* quand ? *Au printemps.*

Hiver, printemps, sont les compléments circonstanciels des verbes *partir, revenir*. Circonstances de temps.

Numa régna avec SAGESSE.

Numa régna comment ? *Avec sagesse.*

Sagesse est complément circonstanciel de *régna.* Circonstance de manière.

   *On étudie afin de s'*INSTRUIRE.

Pourquoi *étudie-t-on? Pour s'instruire.*

Instruire, complément circonstanciel de *étudie.* Circonstance de cause, de raison, de fin, de but, etc.

141. — Le complément circonstanciel se rattache toujours au verbe à l'aide d'une préposition exprimée ou sous-entendue. Ex. :

Voltaire et J.-J. Rousseau sont morts la même ANNÉE. Sous-entendu *en, dans, durant, pendant.*

142. — PREMIÈRE REMARQUE. Comme on a dû le remarquer, il existe entre le complément indirect et le complément circonstanciel une certaine ressemblance de fond et surtout de forme. Néanmoins la nuance qui les sépare est assez marquée pour que la réflexion puisse facilement les distinguer l'un de l'autre.

Nous allons mettre ces deux espèces de compléments en présence.

COMPLÉMENTS INDIRECTS :	COMPLÉMENTS CIRCONSTANCIELS :
Je mets ma confiance en *Dieu.*	On met les voleurs en *prison* (où).
Donner un habit au *pauvre.*	Aller au *village* (où).
Accoutumez les enfants à l'*obéissance.*	A l'*heure* (quand) de la mort, on voit les choses telles qu'elles sont.
Pataud jouait avec *Raton.*	Ce jeune homme travaille avec *ardeur* (comment).
Tout nous parle de *Dieu.*	Judas se pendit de *désespoir* (pourquoi).
Être vaincu par la *peur.*	Fuir par *peur* (pourquoi).

143. — DEUXIÈME REMARQUE. Le complément circonstanciel de cause marqué par la préposition *pour,* est toujours exprimé par un infinitif. Ex. :

Érostrate brûla le temple d'Éphèse pour IMMORTALISER *son nom.*

144. — Quelquefois la phrase est elliptique, et l'infinitif est sous-entendu :

*Messieurs, disait le singe, je fais tout pour l'*HONNEUR. (Sous-entendu, *acquérir, mériter.*)

145. — Si c'est un nom de personne qui suit la préposition *pour,* ce complément vient en réponse à la question indirecte *pour qui.* Alors il n'y a plus ellipse, et le complément est indirect. Ex. :

Un père travaille pour ses ENFANTS.

Un père travaille *pour qui* ? Pour ses enfants.

Enfants est complément indirect de *travaille.*

146. — Mais si l'on dit :

Un père travaille pour NOURRIR *ses enfants.*

Nourrir répondant à la question *pourquoi (adverbe),* est complément circonstanciel et non complément indirect.

APPLICATION.

L'élève analysera les compléments circonstanciels contenus dans le devoir suivant. (*Les mots en italiques remplissent la fonction de compléments circonstanciels.*)

Deux renards entrèrent la *nuit* par *surprise* dans un *poulailler,* pour *surprendre* les poules et les poulets. Écrivez les injures sur le *sable* et les bienfaits sur l'*airain.* Au *mois* de mai, l'abeille s'éveille avec l'*aurore,* vole à la *prairie,* passe d'une *fleur* à *une autre,* plonge son aiguillon jusqu'au *fond* du calice, et revient en toute *hâte* (pour) *apporter* son butin dans sa *ruche.* Le gourmand vit pour *manger*. Les petits perdreaux délogèrent tous sans *tambour* ni *trompette*. Le duc d'Enghien dormit d'un *sommeil* profond la *veille* de la bataille de Rocroy. L'homme va (pour) *chercher* au *centre* de la terre, aux *risques* de sa vie et aux *dépens* de sa santé, des biens imaginaires à la place des biens réels qu'elle lui offre d'elle-même à sa *surface*. Faute de *chaleur*, le raisin ne mûrit pas également bien tous les *ans*. Ne vous avisez jamais de contrefaire les vieillards ; un *jour* vous les imiterez au *naturel*. On aime la violette à cause de son *parfum*.

L'ennui est entré dans le monde par la paresse. Le nom de Dieu est écrit en caractères très-lisibles sur l'aile d'un moucheron. Dieu foule aux pieds les nues et marche sur les vents. Deux pigeons s'aimaient d'amour tendre. On interroge la nature à toute heure, et chaque siècle elle répond un mot. Le cabaret est un lieu où l'on vend la folie en bouteilles. Alexandre entra dans Babylone avec une grande magnificence. Le renard sort le soir de son terrier pour piller la basse-cour. En quelques jours, on va par mer de Toulon à Alger. La mort est une bête féroce qui fait sa ronde jour et nuit, et qui, à chaque seconde, emporte une proie. On aime le chien à cause de sa fidélité. Les enfants de Jacob allèrent en Égypte pour acheter du blé. Le philosophe Épiménide prétendait avoir dormi quarante ans dans une caverne. (27 compléments circonstanciels.)

MODÈLE D'ANALYSE.

Nuit,   compl. circ. de *entrèrent*, circonstance de temps.
Surprise,   compl. circ. de *entrèrent*, circonstance de manière.
Poulailler, compl. circ. de *entrèrent*, circonstance de lieu.
Surprendre, compl. circ. de *entrèrent*, circonstance de cause.

APPLICATION.

L'élève analysera les compléments circonstanciels contenus
dans le texte suivant.

Dans la petite *ville* de Baies, un dauphin de la mer de
Naples conçut une singulière affection pour un jeune
écolier qu'il voyait souvent jouer sur le *rivage :* il s'ap-
procha un *jour* de cet enfant qui monta sur son *dos.* en
badinant, et il le transporta de l'autre *côté* du bras de
mer, à *Pouzzoles*, où il avait remarqué que son jeune ami
passait chaque *jour* pour *aller* à l'école. Depuis ce premier *service*, l'obligeant dauphin ne manquait pas de se
présenter devant le jeune *écolier*, et de le conduire doucement sur son *dos*, le *matin* de *Baies* à *Pouzzoles*, le *soir* de
Pouzzoles à *Baies*. Le bruit d'une telle merveille se ré-
pandit bientôt en *Italie*, et les deux rivages étaient souvent couverts d'une multitude de spectateurs. Mais il ar-
riva que le dauphin perça l'enfant sans le *vouloir*, avec
l'une des pointes dont son dos était hérissé : en le po-
sant à *terre* il le vit perdre et son sang et la vie ; à ce
triste *spectacle*, le malheureux dauphin plongea vivement dans la *mer*. Le *lendemain* il parut à l'*endroit* où
il avait coutume de prendre l'enfant ; il vint encore les
jours suivants, et toujours à la même *heure*. Enfin, un
matin, on le trouva étendu sans *vie* sur le *rivage*. Il était
mort de *douleur*.

DE L'ELLIPSE ET DU PLÉONASME.

147. — DE L'ELLIPSE. L'*Ellipse* est une figure qui consiste à supprimer un ou plusieurs mots d'une phrase sans nuire à l'harmonie et à la clarté.

148. — Quand il y a ellipse dans le discours, il est indispensable, pour la fonction des mots, de rétablir la partie sous-entendue. Ce n'est que lorsque tous les éléments d'une phrase sont en présence, qu'il est possible de déterminer le rôle que joue chacun d'eux.

149. — Nous allons donner un exemple d'un sujet, d'un complément direct, d'un complément indirect, et d'un complément circonstanciel, se rapportant à un verbe sous-entendu :

La vertu est plus désirable que la FORTUNE.

Fortune, sujet de *est*, sous-entendu. C'est-à-dire *que...* *la fortune n'est désirable*.

> Que me demandez-vous pour prix de vos leçons?
> Le renard répondit : « Sire, quelques *dindons*. »

Dindons, complément direct de *je demande*, sous-entendu.

L'insensé obéit à ses passions comme l'esclave à son MAITRE.

Maître, complément indirect de *obéit*, sous-entendu.

Le sage sort de la vie comme d'un BANQUET.

Banquet, complément circonstanciel de *sortirait*, sous-entendu.

150. — DU PLÉONASME. Le *Pléonasme* est une surabondance de mots inutiles à l'énonciation de la pensée, mais qui donnent à l'expression plus de grâce et d'énergie.

151. — Les mots employés ordinairement par pléonasme sont :

1° Le sujet. Ex. :

Vos **AMIS,** *sont-ils venus ?*
Écouter, c'est s'instruire.
Amis, sujet de *sont* par pléonasme.
Ce, sujet de *est* par pléonasme.

2° Le complément direct :

Je **LE** *tiens ce nid de fauvette.*
Le, complément direct de *tiens* par pléonasme.

3° Le complément indirect :

Eh ! que m'a fait, **A MOI,** *cette Troie où je cours ?*
Moi, complément indirect de *fait* par pléonasme.

152. — OBSERVATION. Les conjonctions *et, ni, ou,* peuvent aussi être employées par pléonasme, alors elles ne remplissent aucune fonction. Ex. :

Il tua du même coup **ET** *l'homme et le cheval.*
NI *l'or ni la grandeur ne nous rendent heureux.*
OU *ton sang ou le mien lavera cette injure.*

APPLICATION.

L'élève assignera une fonction aux mots écrits en italiques dans le devoir suivant.

ELLIPSE. — Les méchants se craignent *les uns les autres. Chacun* son *métier,* les vaches seront bien gardées. On peut être plus fin qu'*un autre,* mais on n'est pas plus fin que tous *les autres*. L'œil du maître fait plus que ses deux *mains*. Vous parlez comme un *homme* qui entend la matière. Aime ton prochain comme *toi-même*. Étudiez, non pour savoir plus, mais pour savoir mieux que *les autres*. Si vous vivez d'après la nature, vous ne serez jamais pauvre ; si, d'après l'*opinion*, vous ne serez jamais riche. Il n'y a rien qui rafraîchisse le sang comme une bonne *action*. Heureux qui vit comme ses *pères !* On a souvent besoin d'un plus petit que *soi*. On dit : Pauvre comme un *rat* d'église. L'harmonie ne frappe pas seulement l'oreille, mais l'*esprit*. Chaque jour le soleil se levait radieux et brûlant ; pas un *nuage* dans l'*air*, pas une *goutte* de rosée pendant la *nuit*. Un homme de mérite ne salue, ne s'assied, ne crache ni ne se mouche comme un *sot*. Où allez-vous? — A *Versailles*. — Quand partez-vous? — A *midi*, avec mon *frère*. La langue d'un muet vaut mieux que *celle* d'un menteur. Le fer est plus précieux que l'*or*. Un *cheval!* un *cheval!* Ma *vie* pour un cheval. A la *ville*, à la *cour*, mêmes *passions*, mêmes *faiblesses*. L'orgueil produit le faste, et le *faste* la *gêne*. Il chantait comme un *rossignol*.

> Mes ennemis, riant, ont dit dans leur colère :
> Qu'il meure, et sa *gloire* avec *lui!*

MODÈLE D'ANALYSE.

Les uns,	sujet de *craignent*, s.-ent.	*Les uns craignent les autres.*
Les autres,	compl. d. de *craignent*, s.-e.	
Chacun,	sujet de *fasse*, sous-ent.	*Que chacun fasse son métier.*
Métier,	compl. dir. de *fasse*, s.-ent.	
Un autre,	sujet de *est*, sous-ent. —	*Qu'un autre n'est fin.*
Les autres,	sujet de *sont*, sous-ent. —	*Que les autres sont fins.*

PLÉONASME. Napoléon, le grand *Napoléon*, est mort à

Sainte-Hélène. Je le lui ai dit à *lui-même*. Notre ennemi, *c'est* notre maître. Cette fortune que vous lui en-
viez, il *la* doit à son travail.

> Il n'est pour le vrai sage aucun revers funeste :
> En perdant toute chose, à *lui-même* il se reste.

Pénélope et *moi*, nous avons perdu l'espérance de revoir
Ulysse. Donner à propos, *c'est* donner deux fois. Tout le
monde exècre le nom de l'impitoyable Néron, ce *nom*
qui est aux plus cruels tyrans la plus cruelle injure. Se
refuser à *soi-même* le nécessaire, *c'est* le propre d'un avare.

> Toutes les dignités que tu m'as demandées,
> Je te *les* ai sur l'heure et sans peine accordées.

Moi, j'obéirais ! Amis, serviteurs, parents même, *ils*
l'abandonnèrent tous dans son malheur. Le sage travaille à se vaincre *lui-même*. Le ver-à-soie se file *lui-même*
son tombeau. Le ver-à-soie se file à *lui-même* son tombeau. Ce que je sais le mieux, *c'est* mon commencement.
Ce qu'on donne aux méchants, toujours on *le* regrette.

MODÈLE D'ANALYSE.

Napoléon,   sujet répété de *est*.
Lui-même,   compl. ind. de *ai dit* répété par pléonasme.
Ce,   sujet répété de *est*.

Ire RÉCAPITULATION.

L'élève indiquera la fonction (*sujets*, *compl. dir.*, *compl.
ind.*, *compl. circ.*) des mots écrits en italiques dans le
texte suivant.

Tous les *matins* une jeune *déesse* ouvre les *portes* de
l'Orient, et répand la *fraîcheur* dans les *airs*, les *fleurs*
dans la *campagne*, et les *rubis* sur la *route* du soleil. A

cette *annonce*, la *terre se* réveille et *s'*apprête à *recevoir* le *dieu qui lui* donne tous les *jours* une nouvelle *vie* ; *il* paraît à l'*horizon*, *il se* montre avec la *magnificence qui* convient au *souverain* des cieux. Son *char*, conduit par les *Heures*, vole et *s'*enfonce dans l'*espace* immense *qu'il* remplit de *flammes* et de *lumière*. Dès *qu'il* parvient au *palais* de la souveraine des mers, la *Nuit*, *qui* marche éternellement sur ses *traces*, étend ses *voiles* sombres et attache des *feux* innombrables à la *voûte* céleste. Alors *s'*élève un autre *char* dont la *clarté* douce et consolante porte les *cœurs* sensibles à la *rêverie* ; une *déesse le* conduit. *Elle* vient en *silence recevoir* (138) les tendres *hommages* d'Endymion. Voyez-vous cet *arc qui* brille au *ciel* de si riches *couleurs*, et *qui se* courbe d'un *bout* de l'horizon à *l'autre ? ce* sont les traces lumineuses du passage d'Iris, *qui* porte sur la *terre* les *ordres* de Junon; ces *vents* agréables, ces *tempêtes* horribles, *ce* (*pléonasme*) sont des génies *qui* tantôt *se* jouent dans les *airs*, tantôt luttent *les uns* contre *les autres* (*ellipse*) pour *soulever* les *flots*.

MODÈLE D'ANALYSE.

Matins,	compl. circ. de *ouvre*.
Déesse,	suj. de *ouvre* et de *répand*.
Portes,	compl. dir. de *ouvre*.
Fraîcheur,	compl. dir. de *répand*.

IIᵉ RÉCAPITULATION.

L'élève indiquera la fonction des mots écrits en italiques dans le texte suivant.

Les *nœuds* d'une tendre amitié unissaient les jeunes *Sainval* et *Gervais*. Un *matin qu'ils* étaient allés en-

semble au *bois cueillir* les *fruits* du noisetier, *Gervais*
aperçut un *nid* d'oiseaux. *Embrasser* l'*arbre*, *grimper*
sur la *branche*, fut l'affaire d'un moment. *Il* satisfait son
envie, et *s'*empare de quatre petits *oiseaux* recouverts
d'une *plume* légère, et *que l'inexpérience* rendait encore
timides. Pendant qu'*il* cherche à *descendre* sans *les faire
périr*, un *loup* affamé vient droit à *Sainval qui* jette un
cri : *Gervais* a vu le *danger* ; et, quoique convaincu qu'*il*
ne risque *rien* en restant sur l'*arbre*, *il se* glisse rapidement à *terre* pour *secourir* son *ami*. Cependant le *loup*
furieux s'élançait sur *Sainval*; *Gervais le* prévient ; *il*
saisit un *caillou*, enfonce son *bras* dans la *gueule* de l'a-
nimal et *le* tient en *respect*, tandis que *Sainval lui* perce
la *gorge* de son *couteau*... Le *loup* expire. *Sainval*, par
ses *caresses*, témoigna sa *reconnaissance* à son *ami*. Tous
deux (36) traînèrent leur *proie* à la *ville*. *On s'*assemble
pour *apprendre* leur *aventure*. Le *récit* détaillé *qu'ils*
en font arrache des *larmes* à tous les *spectateurs*. *Gervais se* dérobe bientôt aux *applaudissements que* l'on
donne à sa *bravoure*, retourne au *bois chercher* ses oiseaux, *les* retrouve, et, aussi modeste que courageux, *il*
joue autour de la *cage qui les* renferme.

IIIe RÉCAPITULATION.

L'élève indiquera la fonction des mots écrits en italiques
dans le texte suivant.

En *Asie*, l'*industrie des singes* présente des *tableaux*
à la fois curieux et *singuliers*. *Lorsqu'ils* veulent *piller*

5

un *verger*, un *jardin*, une *vigne*, leur *chef* dirige l'entreprise ; des *sentinelles* sont posées en plusieurs *endroits* différents ; l'*armée se* met en *marche* dans le plus profond *silence*. Arrivée au *lieu* de l'expédition, la *moitié* de la troupe *s'introduit* dans l'*enclos*, *l'autre* forme une *ligne qui se* prolonge depuis le *lieu* du pillage jusqu'à l'*entrée* d'une forêt. *Ceux qui se* trouvent dans le *jardin*, cueillent les *fruits*, *les* jettent à leurs *voisins*, *qui les* saisissent adroitement et *les* lancent de *l'un* à *l'autre* sans *se donner* un *instant* de repos. Leur *vue* est si juste, leurs *mouvements* si prompts, qu'*ils* laissent rarement *échapper* (132) le *fruit qu'on leur* jette, même à une assez grande *distance*. Au moindre *bruit* les *sentinelles* poussent un *cri* d'alarme; aussitôt les petits *larrons* prennent la *fuite*, en emportant leur *butin qu'ils* tiennent dans une seule *patte*, tandis qu'*ils* courent lestement sur les trois *autres*. *On* a vu ainsi ces *maraudeurs* de nouvelle espèce dévaliser, en moins d'un *quart-d'heure* un *verger* rempli de *melons*.

RÉCAPITULATION GÉNÉRALE.

L'élève analysera les textes suivants, en assignant une fonction aux mots écrits en italiques.

I.

Celui qui rend le *mal* pour le *mal* (133) ressemble à la *bête* sauvage *qui* mord *celui qui* l'a mordue : *celui qui* rend le *bien* pour le *mal* ressemble aux *arbres qui* donnent des *fruits* à *ceux qui leur* jettent des *pierres*.

II.

Un mauvais *accommodement* vaut mieux qu'un bon

procès (*ellipse*). Un *peintre qui* avait été ruiné par un malheureux *procès* eut à *représenter* deux *plaideurs*, dont *l'un* venait de *gagner* sa *cause* et *l'autre l'*avait perdue : *il* représenta le *premier* en *chemise*, et *l'autre* tout nu.

III.

Nous devons *éviter* soigneusement de *donner* aux *enfants* des *raisons qu'ils* puissent *rétorquer* contre *nous.* Un *père* voulant *enseigner* la *diligence* à son *fils lui racontait* qu'un *homme, qui s'*était levé fort matin, trouva une *bourse* pleine d'or sur son *chemin* : Mais, mon père, répondit *l'enfant, celui qui l'*avait perdue *s'*était levé encore plus matin.

IV.

Le vertueux *Phocion* ayant été, malgré son *innocence* condamné à la *peine* de mort par les *Athéniens, un* (36) de ses amis *lui* demanda *s'il* voulait *faire dire quelque chose* à son jeune *fils* Phocus : Oui, certes, répondit-*il, je lui* recommande de ne jamais *se souvenir* (129) de *l'injustice que* l'on a faite à son *père.*

V.

Se taire vaut mieux que *parler* (*ellipse*). *Celui qui* parle sème, *celui qui* écoute récolte ; *on* ne *se* repent jamais de *s'être tu, on s'*est presque toujours repenti d' *avoir* trop *parlé.* La *nature nous* a donné deux *oreilles* et une seule *bouche* pour *nous apprendre* que *nous* devons *parler* peu, mais beaucoup *écouter.*

VI.

Un *Athénien qui* portait une *poutre* sur l'*épaule,* ayant heurté violemment *Diogène, l'*avertit ensuite en *lui* criant : Gare ! Un peu étourdi du *coup,* notre *philosophe s'*éloigna sans *mot dire.* Mais quelques *jours* après ayant rencontré ce même *homme*, *il* *lui* asséna un grand *coup* de bâton sur la *tête* en *lui* criant à son *tour :* Gare ! gare !

VII.

Un *équilibre* parfait règne dans la *nature*. L'*insecte* imperceptible a reçu des *moyens* de défense et peut *combattre* ou *éviter* son *ennemi*. Le *lion* caché dans les *broussailles* où *il* guette la timide *gazelle qui* fuit avec la *légèreté* du vent, n'est pas mieux partagé que l'*araignée*, *qui* tend des *filets*, va à la *chasse*, et revient chargée de *sa proie*.

VIII.

Deux *ruisseaux* sortaient de la même *source ; ils* étaient également clairs et limpides : *l'un se* dirigeant sur un *lit* de sable et de cailloux, conservait sa *pureté* dans toute l'*étendue* de son cours, et faisait les *délices* et l'*ornement* des prairies *qu'il* arrosait ; *l'autre* au contraire traversait des *marais* fangeux, et ses *eaux* devenaient si infectes que *nul* n'osait *en approcher*.

Ainsi nos *mœurs se* conservent ou *se* pervertissent, suivant la *société que nous* fréquentons.

IX.

Un *financier* dont la *fortune s'*élevait à plusieurs *millions*, perdit en un seul *jour* ses immenses *richesses*. *Il* ne *lui* restait plus que cent mille *francs*. *Il* mourut en apprenant cette terrible *nouvelle*. Son *frère, qui* avait toujours langui dans la *pauvreté*, hérita de cette misérable *somme*, et mourut à son *tour* de la *joie qu'il* éprouva de *se voir* si riche.

X.

Dieu existe : les *herbes* de la vallée et les *cèdres* de la montagne *le* bénissent, l'*insecte* caché sous la *mousse* bourdonne ses *louanges*, l'*éléphant le* salue au *lever* du jour, l'*oiseau le* chante sous le *feuillage*; la *foudre* fait éclater sa *puissance*, et l'*Océan* déclare son *immensité*.

COMPLÉMENT DU NOM.

153. — D'autres mots que le verbe peuvent avoir un complément. Ce sont :

1° Le nom ;

2° L'adjectif ;

3° L'adverbe ;

4° La préposition.

154. — Tout mot qui complète la signification d'un *nom* au moyen de la préposition *de*, simple ou contractée, est le complément de ce nom. Ex. :

> *L'odeur de la* ROSE *est agréable.*
>
> *Le désir de* PLAIRE *nous rend aimables.*
>
> *D'un* CHANOINE *il avait la mine.*
>
> (*Il avait la mine d'un* CHANOINE.)

Rose est complément de *odeur*. *Plaire* est complément de *désir*. *Chanoine* est complément de *mine*.

155. — Le nom et son complément ne sont pas toujours placés à la suite l'un de l'autre. Voici quelques exemples de ce cas exceptionnel :

Le chien est le seul animal DONT *la fidélité soit à l'épreuve.*

Dont est attribut de *fidélité*. (*La fidélité* DUQUEL.)

L'esprit est la fleur de l'imagination ; le jugement EN *est le fruit.*

En est attribut de *fruit*. (*Le fruit d'*ELLE.)

APPLICATION.

L'élève reconnaîtra lui-même les compléments des noms
et des pronoms dans le devoir suivant (1).

L'avenir est le secret de Dieu. Le dévoûment de Léonidas apprit aux Grecs le secret de leur force, et aux Perses celui de leur faiblesse. La vie est une énigme *dont* la mort donne le mot. Nécessité d'industrie est la mère. La lumière du jour blesse les yeux des hiboux. Où courent ces guerriers *dont* la foule à longs flots roule et se précipite ? La douceur et le courage du sage Mentor me charmèrent. Du Christ avec ardeur Jeanne baisait l'image. La fierté du cœur est l'attribut des honnêtes gens, mais la fierté d'airs et de manières est l'apanage des sots. L'amour des peuples est la meilleure garde des rois. La force du corps et la gaîté de l'âme sont le fruit de la tempérance. Tout le monde s'écria qu'il fallait faire périr le fils de ce cruel Ulysse *dont* les artifices avaient causé la ruine de Troie. Si la religion était l'ouvrage de l'homme, elle *en* serait le chef-d'œuvre. Nourri dans le sérail, j'*en* connais les détours. Les fruits de la terre ont été la première nourriture de l'homme. Ève mangea du fruit de l'arbre de la science du bien et du mal. On dit d'un pâté brisé que les morceaux *en* sont bons. L'instruction est un trésor *dont* le travail est la clé. L'homme fait le principal ornement de la nature ; il *en* est la production la plus noble ; en se multipliant, il *en* multiplie le germe le plus

(1) Quand ce complément est représenté par un des pronoms *en*, *dont*, nous le soulignons.

précieux. Les nymphes avaient destiné au fils d'Ulysse une tunique d'une laine fine *dont* la blancheur effaçait celle de la neige. Les meilleurs traités de morale ne sont que des commentaires de l'Évangile. Le rire distingue l'homme de la bête : c'est le signe de l'intelligence. (45 compléments.)

MODÈLE D'ANALYSE.

Dieu,   compl. de *secret.*
Léonidas; compl. de *dévoûment.*
Force,   compl. de *secret.*

COMPLÉMENT DE L'ADJECTIF.

156. — Tout mot qui complète la signification d'un *adjectif* au moyen d'une des prépositions *à, de,* simples ou contractées, est complément de cet adjectif. Ex. :

La récréation est nécessaire aux ENFANTS.

L'avare est digne de PITIÉ.

157. — L'adjectif et son complément ne se suivent pas toujours. Ex. :

A QUELQUE CHOSE *malheur est bon.*

*Le fils dont la famille est honorable doit toujours s'*EN *montrer digne.*

En faisant disparaître l'inversion on obtient :

Malheur est bon à QUELQUE CHOSE.

*Le fils dont la famille est honorable doit toujours se montrer digne d'*ELLE, *de sa* FAMILLE.

D'où les mots *quelque chose, en,* sont les compléments des adjectifs *bon, digne.*

APPLICATION.

L'élève reconnaîtra lui-même les compléments des adjectifs dans le devoir suivant (1).

La terre est semblable à une bonne mère. La richesse est funeste à la vertu. Les bois sont pleins de loups.

> Thomas trouva sur son chemin
> Une bourse de louis pleine.

Nous possédons le bien à *chacun* nécessaire. Dieu nous fit une âme capable de le connaître et de l'aimer. La libéralité du pauvre est agréable à Dieu. Le vin est nécessaire aux hommes, mais l'eau *leur* est indispensable. Qu'importe que vous soyez pauvre d'argent, si vous êtes riche de vertus. Celui qui reproche un bienfait se rend indigne de la reconnaissance. A la religion soyons toujours fidèles. On est rarement content de sa mémoire ; on l'est toujours de son *esprit*. La terre produit tout ce qui est indispensable à l'homme. Peu de personnes sont assez sages pour préférer le blâme, qui *leur* serait utile, à la louange, qui *leur* est agréable. La générosité se montre sensible au mal d'autrui comme si elle *en* était responsable. Une belle âme doit être plus sensible aux bienfaits qu'aux outrages (*ellipse*). L'oreiller du criminel est plein d'épines. A tous les *cœurs* bien nés que la patrie est chère! Donnez à l'âme toute la perfection *dont* elle est

______

(1) Quand il peut y avoir difficulté, nous écrivons le mot complément en italiques.

capable. Le sage est économe du temps et des paroles.

> Le bonheur le plus grand, le plus digne d'envie
> Est celui d'être utile et cher à sa patrie.

A *quoi* peut être bon celui qui ne travaille pas ? Il n'**y** a pas de gens plus vides d'esprit et de sens que ceux qui sont pleins d'eux-mêmes. La langue d'un muet est préférable à celle d'un menteur. — 35 Compléments.

MODÈLE D'ANALYSE.

Mère, compl. de *semblable.*
Vertu, compl. de *funeste.*
Loups, compl. de *pleins.*

COMPLÉMENT DE L'ADVERBE.

158. L'adverbe exprimant par lui-même une idée complète, n'a pas en général de complément. Il faut en excepter toutefois :

1º Les adverbes de quantité *assez, autant, beaucoup, bien, combien, guère, infiniment, moins, peu, plus, que, tant, tellement, trop,* qui admettent un complément marqué par la préposition *de* : *Assez de* PAROLES, *beaucoup de* GENS, *bien du* CHAGRIN, *combien d'*HOMMES, *moins de* BRUIT, *peu d'*AMIS, etc.

Alors ces mots changent de nature, et sont de véritables collectifs.

2º Quelques adverbes de manière dérivés d'adjectifs, et qui en conservent le régime ; tels sont : *conformément, contrairement, indépendamment, préférablement, relativement,* et quelques autres peu usités.

5.

APPLICATION.

Dans le devoir suivant, l'élève analysera les compléments des adverbes, ainsi que les adverbes de quantité mis pour un nom collectif.

Peu de gens savent être vieux. Je veux moins de valeur et plus d'obéissance. L'orgueil fait voir autant de bassesses que l'intérêt. Combien de monstres Hercule n'a-t-il pas domptés! Que de travaux n'a-t-il pas exécutés! Un honnête homme a plus d'esprit qu'il ne lui en faut : un fripon n'a jamais assez de tout le sien. Le pauvre manque de beaucoup de choses, l'avare manque de tout. Le vainqueur exigea autant d'or qu'un mulet pourrait en porter. La flatterie a perdu bien des hommes. Trop de fierté nuit à tout le monde. Beaucoup de présomption conduit à beaucoup de honte. On voit des hommes qui ont infiniment d'esprit et peu de jugement. Peu de princes ont eu la bonté de Henri IV. Un repentir sincère efface bien des fautes.

— *Adverbes de manière ayant un complément* : Il faut vivre conformément à son état. Nous devons aimer Dieu préférablement à toutes choses. Raisonnez toujours conséquemment à vos principes. — 21 Compléments, 18 adverbes pris substantivement.

MODÈLE D'ANALYSE.

Peu (1), adv. de quantité pris subst., sujet de *savent.*
Gens, nom comm., masc. plur., compl. de *peu.*
Moins, adv. de quantité pris subst., compl. dir. de *veux.*
Valeur, nom comm., fém. sing., compl. de *moins.*

(1) L'adverbe et son complément réunis forment le véritable sujet du verbe *savoir.* Il serait donc plus logique de faire ici une seule

COMPLÉMENT DE LA PRÉPOSITION.

159. — La préposition, nous l'avons vu, établit toujours un rapport entre le mot complément et le mot indirectement complété ; il s'ensuit que la préposition n'étant qu'un lien, une sorte d'intermédiaire, elle ne peut pas avoir de complément. Toutefois, comme on ne donne ordinairement aucune espèce de complément au verbe substantif, tout mot qui se rattache à ce verbe exprimé ou sous-entendu au moyen d'une préposition, devient le complément de cette préposition. Ex. :

Un grand nom SANS MÉRITE *est une épitaphe* SUR *un* CERCUEIL.

Mérite complément de la préposition *sans* ; *cercueil* complément de *sur*.

160. — Certaines prépositions, comme *excepté, vu, hors, hormis,* etc., paraissent aussi avoir un complément qui leur est propre.

161. — Le mot complément qui suit les prépositions *voici, voilà* ne peut jamais se rattacher à un verbe précédemment exprimé, par la raison bien simple que ces prépositions renferment un verbe (*voir*) en elles-mêmes. Le mot complément qui suit *voici, voilà,* est donc toujours régi par ces prépositions.

NOTA. Nous désapprouvons formellement ce système qui consiste à donner un complément à toutes les prépositions,

locution des trois mots *peu de gens,* sauf ensuite à décomposer ; mais cette marche, quoique rigoureuse, serait diffuse ; et, dans un traité élémentaire, la méthode doit passer avant toute autre considération.

et, conséquemment, à ne reconnaître qu'incidemment le complément indirect et le complément circonstanciel. En esquivant ainsi la difficulté, on accoutume l'élève à se tirer d'affaire sans réflexion et partant sans profit. C'est un moyen commode qu'a inventé la routine au profit de la paresse. L'analyse est une décomposition sérieuse du discours, ce n'est point un escamotage.

APPLICATION.

L'élève indiquera la fonction des mots écrits en italiques dans le devoir suivant.

Le cœur est pour *Pyrrhus*, et les vœux pour *Oreste*. Tout usurpateur est près de son *cercueil*. Que le soleil en regardant ton champ et ta vigne, ne dise pas de toi : Voilà un *lâche* qui sommeille. Dans les *arts*, l'expression est tout. Naître, souffrir et mourir, voilà en trois mots l'*histoire* de notre vie. Les poissons sont dans la *mer* et les oiseaux dans l'*air*. L'ingratitude est un vice contre *nature* : les animaux mêmes sont reconnaissants. Aucun serpent ne contient assez de venin pour tuer un homme, excepté peut-être le *serpent* à sonnettes. Silence! voici l'*ennemi*. Tout est grand dans le *temple* de la faveur, excepté les *portes* qui sont si petites qu'il faut y entrer en rampant. Justice et justesse, voilà le *code* entier du cœur et de l'esprit. Vu votre *légèreté*, je ne puis me fier à vous. Le caractère est à soixante *ans* ce qu'il était à *vingt* (36). Madame, tout est perdu, hors l'*honneur*. L'homme sans *caractère* est un grand enfant qui reçoit ses impressions de tout le monde. Voici une *maxime* égoïste : Chacun pour *soi* et Dieu pour *tous*. Un prince commande tout à ses sujets, excepté l'*amour*.

MODÈLE D'ANALYSE.

Pyrrhus, compl. de *pour.*
Oreste, compl. de *pour.*
Cercueil, compl. de *près de.*

DE L'APPOSITION.

162. — On appelle *appositif* d'un nom tout mot qui, placé à côté de ce nom, n'exprime avec lui qu'une seule et même personne, qu'une seule et même chose. Ex.:

Je suis Joseph, votre FRÈRE.

Fuyez l'injustice, SOURCE *de tous les maux.*

Qui ne connaît pas Ésope le PHRYGIEN?

Frère est appositif de *Joseph*; *source* appositif de *injustice*; *Phrygien* appositif de *Ésope.*

163. — Quelquefois le nom est séparé de son appositif par la préposition *de* :

La ville de ROME.

Le fleuve de la SEINE.

Alors cette préposition peut se remplacer par *qui s'appelle*. On obtient :

La ville qui s'appelle ROME (Les Latins disaient : *La ville Rome, urbs Roma*).

Le fleuve qui s'appelle la SEINE.

Cette substitution ne peut pas s'opérer quand le

second nom est complément, et non appositif du premier,
comme dans ces exemples :

La gloire de Rome.

Les rives de la Seine.

164. — REMARQUE. Dans ces locutions si spirituelle-
ment comiques de notre La Fontaine : *Monsieur du corbeau, madame la belette, commère la cigogne, dom pour-
ceau, sire Grégoire, Jean lapin, dame baleine, damoi-
selle belette, capitaine renard, Martin bâton, le médecin
Tant-Pis, Grippeminaud le bon apôtre, etc., etc.,* le second substantif est toujours appositif du premier.

APPLICATION.

L'élève reconnaîtra lui-même les mots mis en
apposition.

Je suis Télémaque, fils d'Ulysse, roi d'Ithaque. Le
lion, terreur des forêts, pleurait son antique prouesse.
Pygmalion, notre roi, a trempé ses mains dans le sang
de Sichée, mari de Didon sa sœur. Un ami, don du ciel,
est un trésor précieux. Nous adorons Dieu, créateur
et souverain maître de toutes choses. Capitaine renard allait de compagnie avec son ami bouc. Suivez
toujours la voix de la nature, cet excellent guide.
Le lion, roi des animaux, a été vaincu par le moucheron, chétif insecte. Les Cyclopes, géants mon-
strueux, forgeaient les foudres de Jupiter dans les entrailles du mont Etna. Clovis, roi des Francs, vainquit les

Allemands, peuples belliqueux. Jésus-Christ fut vendu par Judas, son disciple. Romulus, roi guerrier, eut pour successeur Numa, prince pacifique et célèbre législateur. Tout était en commun, plaisir, chagrin, souffrance. Paris, capitale de la France, est bâti sur le fleuve de la Seine. Hippocrate, le père de la médecine, eut pour patrie la petite île de Cos. Apollon, dieu des arts et père des Muses, avait un temple célèbre dans l'île de Délos, située dans la mer Égée. L'empereur Charlemagne mourut le 28 du mois de janvier 814. Deux villes puissantes, Carthage et Numance, ont été détruites. Compère le renard courut au logis de la cigogne son hôtesse. Ma mère Jézabel devant moi s'est montrée. — 40 appositifs.

MODÈLE D'ANALYSE.

Fils,   appositif de *Télémaque.*
Roi,   appositif de *Ulysse.*
Terreur,   appositif de *lion.*

DE L'ATTRIBUT.

165. — On appelle *attribut* tout mot (*nom, pronom* ou *infinitif*) qui exprime la manière d'être d'un autre mot.

166. — L'attribut peut se présenter sous des formes très-diverses, mais ayant toutes entre elles ce rapport commun, que l'attribut est en quelque sorte une qualification du mot auquel il se rapporte.

Voici les cas principaux dans lesquels il y a attribut:

167. — PREMIER CAS. Tout *nom* ou *pronom* qui suit

le verbe être, est attribut du sujet du verbe. Ex. :

Le chameau est le VAISSEAU *du désert.*

Nous sommes CEUX *que vous cherchez.*

Vaisseau attribut de *chameau. Ceux* attribut de *nous.*

168. — Cette particularité peut se produire aussi avec quelques verbes neutres ou passifs comme *paraître, sembler, demeurer, être nommé, mourir, naître,* lesquels ont alors la signification du verbe substantif. Ex. :

Tous ces tableaux PARAISSENT *de véritables* CHEFS-D'ŒUVRE.

Chefs-d'œuvre attribut de *tableaux.*

Chaque tronc me SEMBLAIT *un* FANTOME.

Fantome attribut de *tronc.*

Les ennemis DEMEURÈRENT, RESTÈRENT MAITRES *de la place.*

Maîtres, attribut des *ennemis.*

Baucis DEVIENT TILLEUL, *Philémon* DEVIENT CHÊNE.

Tilleul attribut de *Baucis, chêne* attribut de *Philé-mon.*

Je FUS NOMMÉ SOLDAT *sur le champ de bataille.*

Soldat attribut de *je.*

Certains hommes NAISSENT BERGERS *et* MEURENT PAPES.

Bergers, papes, attribut de *hommes.*

169. — DEUXIÈME CAS. Le verbe impersonnel n'a jamais de complément direct ; le substantif qui le suit ordinairement et qui paraît remplir cette fonction, n'est autre chose que le signe de l'action, c'est-à-dire le véritable sujet ; mais comme il y a déjà un sujet apparent *il,* le sujet réel devient *attribut* du sujet fictif. Ex. :

IL *tombe du ciel des* PIERRES *nommées aérolithes.*

Il, sujet de *tombe* ; *pierres,* attribut de *il.*

Les chaleurs QU'IL *a fait cette année.*

Il, sujet de *a fait* ; *qu'* pour *lesquelles chaleurs,* attribut de *il.*

170. — TROISIÈME CAS. Quand il y a deux verbes de suite, l'infinitif est *attribut* du complément de la proposition, chaque fois que ce complément fait l'action du verbe à l'infinitif. Ex. :

J'ai senti TREMBLER *sa* MAIN.

Trembler attribut de *main* (voir § 131, 132).

APPLICATION.

L'élève analysera les attributs dans le devoir suivant.

Les caméléons sont des *reptiles.* Mourir pour sa patrie, est une belle *mort.* Le plus heureux des hommes est *celui* qui commande à ses passions. Les étoiles, qui sont si grosses, paraissent de petits *points* lumineux perdus dans l'espace. Qui je défends est *maître.* Nous ne verrons pas *mourir* (170) tous les arbres que nous avons vu planter. L'intérêt et la vanité sont les *ressorts* des âmes vulgaires ; l'honneur et l'amour du bien, *ceux* des grandes âmes.

Dans les campagnes, on croit généralement que lorsqu'il survient une pluie d'orage il pleut des grenouilles ; c'est une erreur. Une injustice commise envers un seul est une menace faite à tous. L'aumône est la prière par excellence. Les palais des rois sont devenus le repaire des bêtes fauves. Ci-gît qui ne fut rien. Le temps est un vrai·brouillon. Il y a un proverbe qui dit : Il vaut mieux tenir que de courir (ellipse). L'arbre est de nos jardins le plus bel ornement. Sur les rives du Gange on voit fleurir l'ébène. Les meilleures leçons sont celles de l'expérience. Lui seul est Dieu, madame, et le vôtre n'est rien. L'exercice et la tempérance sont nos meilleurs cuisiniers. Mon secret est mon esclave ; s'il m'échappait, il deviendrait mon maître. Il faut punir avec sévérité un enfant coupable du meurtre d'un insecte. Es-tu Marius ? — Je le suis. L'instruction est l'ornement du riche et la richesse du pauvre. Tout vous est aquilon, tout me semble zéphyr (26 attributs non-soulignés).

MODÈLE D'ANALYSE.

Reptiles, attribut de *caméléons.*
Mort, attribut de *mourir.*
Celui, attribut de *homme,* sous-entendu.

DE L'APOSTROPHE.

171. — Un mot est mis en *apostrophe,* quand il sert à nommer la personne ou la chose à laquelle on adresse la parole :

Bois *que j'aime, adieu, je succombe.*

Jeune SOLDAT, *où vas-tu?*

Hé ! bonjour, MONSIEUR *du corbeau.*

Les mots *bois, soldat, monsieur,* sont mis en *apostrophe.*

APPLICATION.

L'élève reconnaîtra lui-même les mots mis en apostrophe
dans le devoir suivant.

> Holà! madame la belette,
> Que l'on déloge sans trompette.

Adieu, douces fontaines qui me fûtes si amères. Vous
leur fîtes, seigneur, en les croquant beaucoup d'honneur.
Mon fils, cette histoire doit vous instruire.

Mais, mon petit monsieur, vous le prenez bien haut?
— Eh mais! mon grand monsieur, je le prends comme il faut.

Notre père, qui êtes aux cieux, que votre nom soit
sanctifié. Je crains Dieu, cher Abner, et n'ai point d'autre crainte. Eh quoi! Pataud, tu fais la mine? Caïn!
Caïn! qu'as-tu fait de ton frère? Tombe, tombe, feuille
éphémère. O Richard! ô mon roi! l'univers t'abandonne.
Tu vois, ô mon cher Philoctète! les maux que les dieux
me font souffrir.

Quel bras put vous suspendre, innombrables étoiles?
Nuit brillante, dis-nous qui t'a donné tes voiles.

Monsieur, cette comparaison est bonne; mais elle n'est
pas de vous : je l'ai entendu faire à notre curé. O Télémaque! craignez de tomber entre les mains de Pygmalion. Que
vous êtes changée, madame, depuis deux mois! Déplo-
rable Sion, qu'as-tu fait de ta gloire? Répondez, cieux et
mers, et vous, terre, parlez. O rivages! ô promontoires
de cette île! ô bêtes farouches! ô rochers escarpés! c'est

à vous que je me plains. Soyons amis, Cinna. (29 mots mis en apostrophe.)

MODÈLE D'ANALYSE.

Madame,   mis en apostrophe.
Fontaines, mis en apostrophe.
Seigneur, mis en apostrophe.

Ire RÉCAPITULATION GÉNÉRALE

SUR LA FONCTION DES MOTS.

L'élève assignera une fonction aux mots écrits en italiques dans le texte suivant.

Le puissant *Aaroun-al-Raschild* commençait à *soupçonner* que son *visir Giafar* ne méritait pas la *confiance qu'il lui* avait accordée ; les *courtisans*, les *derviches*, les *habitants* de *Bagdad* censuraient le *visir* avec *amertume*. Le *calife* aimait *Giafar* ; *il* ne voulut point *le condamner* sur les *clameurs* de la *ville* et de la *cour. Il* visita son *empire* ; *il* vit partout que la *terre* était bien cultivée, la *campagne* (*ellipse*) riante, les *hameaux* opulents, les *arts* utiles en *honneur* (159), et la *jeunesse* dans la *joie. Il* visita les *places* de *guerre* et les *ports* de *mer* ; *il* vit de nombreux *vaisseaux qui* menaçaient les *côtes* de l'*Afrique* et de l'*Asie* ; *il* vit des *guerriers* disciplinés et contents de leur *sort*.

Ces *guerriers*, les *matelots* et les *peuples* des *campagnes* s'écriaient : « O *Dieu*, bénissez les *fidèles* en prolongeant les *jours* d'*Aaroun-al-Raschild* et de son *visir*

Giafar; *ils* maintiennent dans l'*empire*, la *paix*, la *justice* et l'*abondance*! » Le *calife* touché de ces *acclama-
tions*, entre dans une *mosquée*, *s'*y précipite à *genoux*, et
s'écrie : « Grand *Dieu*, *je te* rends *grâces*; *tu* m'as donné un *ministre dont* mes *courtisans me* disent du *mal*, et
mes *peuples* du *bien*.

II° RÉCAPITULATION GÉNÉRALE.

L'élève assignera une fonction aux mots écrits en italiques
dans le texte suivant.

Un *matin* que *je* guettais une *araignée qui se* tenait à
l'*affût* au *centre* de son *nid*, une *mouche* vint à l'étourdie et *se* jeta tout au travers de ses *filets*. Notre *chasseur*
*s'*élance sur *elle* avec *rapidité*, *l'*enveloppe en un *instant*
d'une *multitude* de *cables*, *lui* lie les *pattes*, le *corps*, la
tête, *la* garrotte dans tous les *sens*, et *se* préparait à *l'en-
traîner* dans son *repaire*, sans doute pour *la dévorer* plus
à son *aise*, lorsque *je* vis tout à coup une *guêpe* énorme
fondre (170) du *haut* des *airs*, *attaquer* avec *impétuosité*
le *brigand* plein d'épouvante, et *lui faire lâcher prise*.
En vain *il* voulut *fuir* ; son *ennemi lui* ôta tout *moyen* de
salut; *il s'en* saisit, *l'*enleva rapidement du *milieu* de sa
toile, et *se* perdit bientôt dans l'*espace* avec *elle*. *Je* re-
grettais beaucoup de ne *pouvoir suivre* le *ravisseur*
jusqu'à son *nid*, *j'*aurais été curieux de *voir* le *sort qu'il*
réservait à ma pauvre *araignée*. Cependant la *mouche*
étourdie, à *qui* la *Providence* avait envoyé un *secours* aus-

si inespéré, était resté immobile sur l'*arène*. *Je m'em-*
pressai de la débarrasser des liens qui l'environnaient ;
mais soit qu'*elle* eût été blessée par son *ennemi*, soit
qu'*elle* fût encore dans un *état* de *stupeur*, *elle* ne profita
pas tout de suite de sa *liberté*, et *je la* vis *se traîner* avec
peine pendant plus d'un *quart-d'heure*, sans *pouvoir se*
servir de ses *ailes*.

IIIe RÉCAPITULATION GÉNÉRALE.

L'élève assignera une fonction aux mots écrits en italiques
dans le texte suivant.

Ceux qui se moquent de leurs *camarades* parce qu'*ils*
sont affligés de quelques *difformités*, sont des *enfants*
mal élevés, et, pis que *cela* (*ellipse*), de mauvais *cœurs*,
puisqu'*ils* trouvent du *plaisir* à *faire* de la *peine* aux
autres. *On* ne doit *se moquer* de *personne*, ni *reprocher* à
autrui des *infirmités*. Et puis, ces *corps* (151) si chétifs
ne peuvent-*ils* pas *renfermer* une grande *âme*, *être vivi-*
fiés par un puissant *génie ?*

Sous le *règne* du *roi Louis* XV, un *homme* d'un
mérite rare, estimé par ses *vertus* et ses *talents* mili-
taires, mais *qui* était petit et tout disgracié de la *nature*,
fut nommé *gouverneur* (168) du *Canada*. A son *arrivée*,
les *Iroquois*, *peuplade* à demi sauvage, *lui* envoyèrent
des *députés* pour *renouveler* leur *alliance* avec les *Fran-*
çais. Le *chef* de l'*ambassade* avait préparé un *discours*
dans *lequel il* employait tout *ce que* sa *langue lui* offrait
de plus riche et de plus pompeux, pour *faire* l'*éloge* de la

force du *corps*, de la *hauteur* de la *taille*, et de la bonne *mine* du *général*, *qualités* (162) que ces *sauvages* estiment préférablement à toutes *les autres*. En apercevant le *gouverneur*, *il* sentit que sa *harangue* ne cadrait point au *personnage*. Sans *se déconcerter*, *il s'en* tira par cette *apostrophe* pleine d'*énergie* : *Il* faut que *tu* aies une bien grande *âme*, puisque, avec un si petit *corps*, le *roi*, ton *maître*, *t'*a jugé digne de sa *confiance*.

IVᵉ RÉCAPITULATION GÉNÉRALE.

L'élève reconnaîtra lui-même les mots susceptibles de remplir une fonction dans le texte suivant.

Desessart, célèbre acteur, était chargé d'embonpoint. Son camarade Dugazon le conduisit un jour chez le Ministre : Monseigneur, dit Dugazon, la comédie française a appris la mort de l'éléphant de la ménagerie; nous vous prions donc, mes amis et moi (*pléonasme*), de vouloir bien accorder sa place à Desessart, en récompense de ses services. Desessart, furieux, appela Dugazon en duel ; ils arrivèrent au lieu du rendez-vous : « Mon ami, dit Dugazon, la partie n'est pas égale entre nous : tu présentes une surface dix fois (1) plus large que la mienne ; je vais tracer (138), avec du blanc d'Espagne, un rond sur ton ventre, nous nous battrons à l'épée, et tous les coups qui porteront hors de ce rond, ne compteront pas. » Cette plaisanterie arrêta le duel.

(1) Ces locutions *une fois, deux fois, trois fois*, etc., peuvent être considérées comme des locutions adverbiales.

Vᵉ RÉCAPITULATION GÉNÉRALE.

L'élève reconnaîtra lui-même les mots susceptibles de remplir une fonction dans le texte suivant. (*Nous avons écrit en italiques les mots sur la fonction desquels nous appelons principalement l'attention des élèves.*)

Un jour, le jeune Bacchus, que Silène instruisait, cherchait les Muses dans un bocage *dont* le silence n'était troublé que par le bruit des fontaines et par le chant des oiseaux. Le soleil n'*en* pouvait, avec ses rayons, percer la sombre verdure. L'enfant de Sémélé, pour étudier la langue des dieux, s'assit dans un coin, au pied d'un vieux chêne, du *tronc duquel* plusieurs hommes de l'âge d'or étaient nés.

Auprès de ce chêne sacré et antique, se cachait un jeune faune, qui prêtait l'oreille aux vers que chantait l'enfant, et qui marquait à Silène, par un ris moqueur, toutes les fautes que faisait son disciple. Aussitôt les naïades et les autres nymphes du bois souriaient aussi. Ce critique était jeune, gracieux et folâtre ; sa tête était couronnée de lierre et de pampre ; ses tempes étaient ornées de grappes de raisin. De son épaule gauche, pendait sur son côté droit, en écharpe, un feston de lierre, et le jeune Bacchus aimait à *voir* ces feuilles consacrées à sa divinité.

Le faune était enveloppé, au-dessous de la ceinture, par la dépouille affreuse et hérissée d'une jeune lionne qu'il avait tuée dans les forêts ; il tenait dans sa main une houlette courbée et noueuse ; sa queue paraissait derrière lui, comme se jouant sur son dos. Mais comme

Bacchus ne pouvait souffrir un rieur malin, toujours prêt à se *moquer* de ses expressions, si elles n'étaient pures et élégantes, il lui dit d'un ton fier et impatient : « Comment oses-tu te moquer du fils de Jupiter? » Le faune répondit sans s'émouvoir : « Eh! comment le *fils* de Jupiter ose-t-il faire quelque faute ? »

RÉCAPITULATION GÉNÉRALE.

L'élève analysera les textes suivants, et assignera une fonction aux mots écrits en italiques.

I.

A *qui* réserve-t-on ces *apprêts* meurtriers?
    Pour *qui* (*ellipse*) ces *torches* qu'on excite?
    L'*airain* sacré tremble et s'agite.
D'où vient ce *bruit* lugubre? Où courent ces *guerriers*
Dont la *foule* à longs *flots* roule et *se* précipite?
    La *joie* éclate sur leurs *traits* :
    Sans doute l'*honneur* *les* enflamme;
Ils vont pour un *assaut*, *former* (138) leurs rangs *épais?*
    Non, ces *guerriers* sont des *Anglais*
    Qui vont *voir mourir* (170) une *femme!*

II.

Et *toi*, *dont* le *courroux* veut *engloutir* la *terre*,
Mer terrible, en ton *lit* quelle *main te* resserre?
Pour *forcer* ta *prison tu* fais de vains *efforts;*
La *rage* de tes *flots* expire sur les *bords.*
Fais *sentir* ta *vengeance* à ceux dont l'*avarice*,
Sur ton perfide *sein* va *chercher* son *supplice.*
Hélas, près de *périr*, *t*'adressent-*ils* leurs *vœux?*
Ils regardent le *ciel*, *secours* des *malheureux!*

III.

« *Hôtes* des *airs*, voyez mon *vol* audacieux,
Disait la *flèche* au *haut* des *cieux*;
J'habite, comme *vous* (*ellipse*), la *région* suprême. »
A ce *propos* un *oiseau* répond : « Oui;
Mais *tu* t'élèves par *autrui*
Et *tu* retombes par *toi-même*. »

IV.

LA TOURTERELLE ET LE PASSANT.

Que fais-*tu* dans ce *bois*, plaintive *tourterelle?*
— *Je* gémis, j'ai perdu ma *compagne* fidèle.
— Ne crains-*tu* pas que l'*oiseleur*
Ne *te* fasse périr comme *elle?* (*Ellipse.*)
— Si *ce* n'est *lui*, ce sera ma *douleur.*

V.

Une *mère* sème des *fruits* sur la *terre* pour *apprendre*
à *marcher* à son *enfant*; *elle s'en* tient éloignée, *elle lui*
sourit, *elle* l'*appelle*, *elle lui* tend les *bras*; s'*il* tombe,
elle vole pleine d'*inquiétude* à son *secours*, *elle* essuie tendrement ses *larmes*, et *elle le* console. Ainsi fait la *Provi-*
dence à l'égard de l'*homme.*

VI.

Prés *fleuris*, majestueuses et murmurantes *forêts, fon-*
taines mousseuses, sauvages *rochers* fréquentés par la
seule *colombe*, aimables *solitudes qui nous* ravissez par
d'ineffables *concerts!* heureux *qui* pourra *lever* le *voile*
qui couvre vos *charmes* secrets; mais plus heureux encore est *celui qui* peut *les goûter* en *paix* dans le *patri-*
moine de ses *pères!*

VII.

Le *pouvoir* de l'*homme* est immense comme *son génie*
(*ellipse*). Placé sur un *monde* de *poussière qui* tourne et

l'emporte avec *rapidité, il* a mesuré l'*immensité* des *cieux*. *Il vous* dira la *grandeur* des *astres*, leur *vitesse* et leur *distance* : interrogez-*le* sur l'*atome qui* est auprès de *lui, il* gardera le *silence*.

VIII.

La *nature se* joue des *savants* comme les *passions* (el-*lipse*) des *hommes*. Un tout petit *enfant*, assis sur les *bords* du *Rhin*, puisait de *l'eau* dans le *creux* de sa *main*, et *la* versait dans une *écuelle*. *On lui* demanda *ce qu'il* voulait *faire* : *Je* veux, répondit-*il, vider* toute cette *eau* dans mon *écuelle*, pour *voir* ensuite *ce qu'il* y a là-bas au *fond*. *Ceux qui* prétendent *lever* entièrement le *voile qui nous* cache les *secrets* de la *nature*, sont de grands en-fants.

IX.

Le *temps* est l'*étoffe dont* la *vie* est faite ; n'*en* perdons pas une *parcelle*. *Celui qui* travaille gagne sa *vie* ; le *fai-néant* vole *la sienne*. Un *proverbe* dit avec *beaucoup de raison* : L'*oisiveté* va si lentement que la *pauvreté* l'atteint bientôt.

X.

Henri IV, *roi* de *France*, rencontra un *jour* dans les *appartements* du *Louvre* un *homme qui lui* (157) était in-connu, et *dont* l'*extérieur* paraissait très-commun. *Il lui* demanda à *qui il* appartenait. J'appartiens à *moi-même, lui* répondit cet *homme* d'un *ton* fier et peu respectueux. Mon *ami*, repartit le *roi, vous* avez un sot *maître*.

XI.

La *mort* a des *rigueurs* à nulle *autre* pareilles...
Le *pauvre* en sa *cabane* où le *chaume le* couvre
Est sujet à ses *lois*,

Et la *garde qui* veille aux *barrières* du *Louvre*
N'*en* défend point nos *rois.*

XII.

Un *voyageur* trouva, pendant l'*hiver*, un *serpent que*
le *froid* avait engourdi : Pauvre *serpent* ! dit-*il* ; et *il le*
réchauffa dans son *sein.* Le *serpent*, rendu à la *vie*,
mordit son *bienfaiteur* : *c'est l'image* d'un *fils* ingrat.

XIII.

Les *enfants* doivent *fuir* soigneusement la *société* des
méchants et *rechercher* la *société* des *bons* ; car *on se* modèle imperceptiblement sur *ceux que* l'*on* fréquente. Es-
tu de l'*ambre*, disait un *sage* à un *morceau* de *terre* odo-
riférante *qu'il* avait ramassée dans un *bain* : *tu me* charmes
par ton *parfum* ? — *Je* ne suis qu'une *terre* grossière, ré-
pondit-*elle* ; mais *j'*ai séjourné quelque *temps* au *milieu*
d'un *bouquet* de *roses.*

XIV.

Un *religieux* voulant *consoler* une *dame* vénitienne
qui avait perdu son *fils* unique, *lui* rappelait l'*obéissance*
d'*Abraham*, quand *Dieu* ordonna à ce *patriarche* d'*immo-*
ler son *enfant.* « Ah ! mon *père*, répondit-*elle* avec *impé-*
tuosité, Dieu n'aurait jamais commandé ce *sacrifice* à une
mère ! »

XV.

Un *homme* de la *campagne se* plaignait à un *homme* de
la *ville* que les *taupes* ravageaient son *pré.* Parbleu !
vous êtes bien bon, répondit le *citadin*, faites-*le*
paver.

XVI.

Un *homme* de la *maison* de *Thibault*, roi d'*Australie*,
*s'*était fort enrichi *aux dépens* du *monarque* ; et pour

jouir plus commodément de ses *larcins, il* demandait sa *retraite.* Le *prince le* fait venir : « Écoute; un *serpent se* glissa un *jour* dans une *bouteille* remplie de *lait,* et *en* (158) but *tant* qu'*il* s'enfla au point de ne *pouvoir* plus *sortir.* Alors, le *maître* de la *bouteille* dit au *serpent* : Rends tout *ce que tu* as pris, et *tu* sortiras ensuite tout aussi aisément que *tu* es entré ; c'est le seul *secret qui te* reste.

XVII.

Un *roi* cherchait un bon premier *ministre. Je* souhaite, disait-*il*, un *esprit* éclairé, un *cœur* droit et bon *qui* veuille *supporter* avec *moi* le *fardeau* de ma *puissance,* et *m'aider* à *gouverner* mon *peuple* avec *sagesse* et avec *justice* ; en *qui* trouverai-*je celui qui m'*est nécessaire ? *Tu le* trouveras, *lui* répondit un *sage,* si *tu le* cherches parmi *ceux qui* ne *te* cherchent pas.

XVIII.

Un *babillard* désirait *apprendre* la *rhétorique* sous *Socrate* ; ce *philosophe* exigea le *double de ce qu'il* prenait aux *autres.* Le *babillard lui en* demanda la *raison. C'*est, répondit *Socrate,* qu'*il* faut que *je vous* apprenne à *parler* et à *vous taire.*

XIX.

Avec leurs grands *sommets* (159), leurs *glaces* éternelles,
Par un *soleil* d'*été,* que les *Alpes* sont belles !
Tout, dans leurs frais *vallons,* sert à *nous enchanter,*
La *verdure,* les *eaux,* les *bois,* les *fleurs* nouvelles.
Heureux *qui* sur ces *bords* peut longtemps *s'arrêter !*
Heureux *qui les* revoit, s'*il* a pu *les quitter !*

XX.

Dieu, en *nous* condamnant au *travail, nous* a châtiés en *père. Robinson,* privé de *tout* dans son *île* et forcé aux plus pénibles *travaux* pour *assurer* sa *subsistance* journalière, supporte la *vie* et même goûte, de son *aveu,* plusieurs *moments* de *bonheur.* Supposez-le dans une *île* enchantée, pourvue de tout *ce qui est* agréable à la *vie,* peut-être le *désœuvrement lui* eût-il rendu l'*existence* insupportable.

POISSY. — TYPOGRAPHIE ARBIEU.

TABLE DES MATIÈRES.

FIN DE LA TABLE.